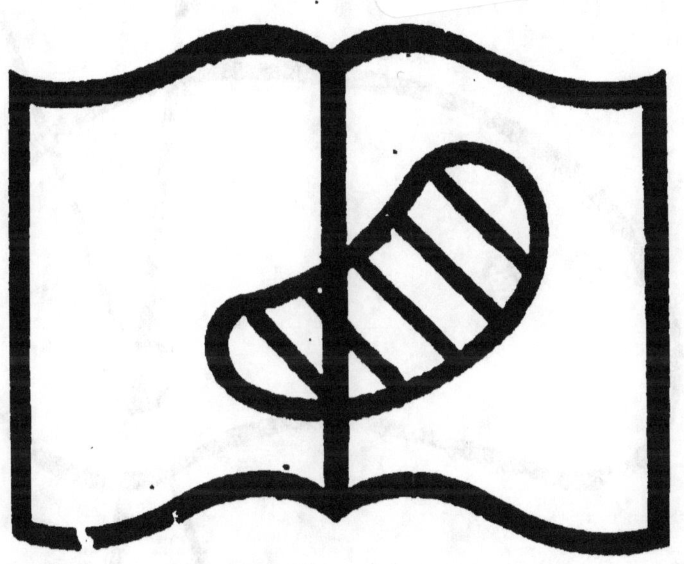

Illisibilité partielle

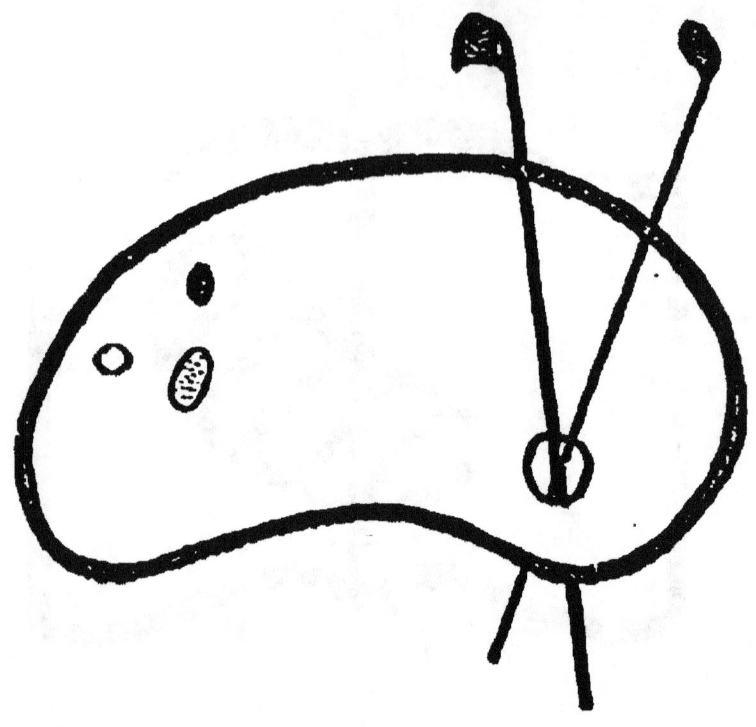

DÉBUT D'UNE SÉRIE DE DOCUMENTS
EN COULEUR

La Doctrine Bonapartiste

& LA RÉVOLUTION

DEVANT

la République et le Christianisme

PAR

EMILE GARNIER

ANCIEN INSTITUTEUR PUBLIC — ANCIEN OFFICIER BREVETÉ D'ÉTAT-MAJOR
LICENCIÉ EN DROIT — BACHELIER EN THÉOLOGIE
CHEVALIER DE LA LÉGION D'HONNEUR

REMIREMONT
IMPRIMERIE LOUIS CABASERET.

—

1914.

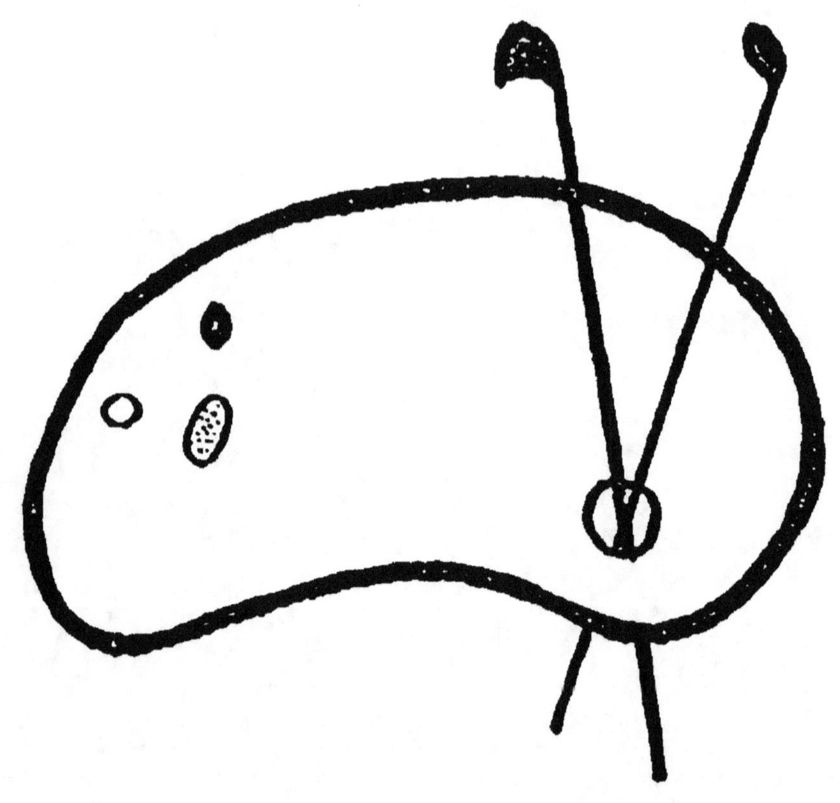

FIN D'UNE SERIE DE DOCUMENTS
EN COULEUR

La Doctrine Bonapartiste

& LA RÉVOLUTION

DEVANT

la République et le Christianisme

Par

EMILE GARNIER

Ancien Instituteur public — Ancien Officier breveté d'État-Major
Licencié en Droit — Bachelier en Théologie
Chevalier de la Légion d'Honneur

REMIREMONT
IMPRIMERIE LOUIS CAUSERET.
—
1914.

Chapitre préliminaire.

Du compte-rendu publié par le **Parti plébiscitaire
bonapartiste** d'un « Congrès national » qu'il a tenu
les 13 et 14 juin 1913, nous extrayons ce qui sui suit :

« Instructions du Prince Napoléon
« relatives aux élections législatives de 1914.

« A. — L'Effort doit porter sur l'élection d'un
« certain nombre de députés prenant l'engagement
« formel, une fois élus, de constituer un groupe révi-
« sionniste plébiscitaire.

« B. — Dans toutes les autres circonscriptions, les
« Conseils Directeurs et les Comités départementaux
« devront poser aux candidats, sans tenir compte de
« leurs idées politiques ou de leurs préférences confes-
« sionnelles, les questions suivantes :

« Prenez-vous l'engagement de voter :

« 1° La revision de la Constitution sur la base de la
« Souveraineté nationale.

« 2° L'abrogation des lois d'exil. »

M. Rudelle, Secrétaire général du Comité politique
plébiscitaire, commentait en ces termes les *Instructions
du Prince Napoléon :*

« Je crois nécessaire de vous faire, au nom du
« Comité politique, un très court commentaire de ces
« Instructions.

« En premier lieu, le Prince tient à avoir, dans
« la Chambre prochaine, un groupe de députés plé-
« biscitaires qui puissent, en toute occasion, parler en
« son nom du haut de la tribune française, faire
« connaître son programme et affirmer notre doctrine.

« Il entend que dans les circonscriptions où nos
« amis ont la majorité, nous ne nous contentions plus
« de candidats douteux et d'adhésions vagues, mais
« que nous soutenions les candidats qui consentiront
« à combattre à visage découvert en arborant nette-
« ment notre drapeau.

« En second lieu, dans les circonscriptions qui
« pourront être nombreuses, où nous n'aurons pas de
« candidat plébiscitaires, nos amis devront néanmoins
« prendre une part efficace à la lutte et s'efforcer de
« faire pencher la balance en faveur de celui des can-
« didats qui acceptera les articles essentiels de notre
« programme, à savoir : la Revision de la Constitution
« sur la base de la Souveraineté nationale et l'abroga-
« tion des lois d'exil.

« Cette formule n'exclut aucune alliance électorale ;
« il reste toutefois bien entendu que nos votes ne
« pourront jamais favoriser un candidat, ennemi de la
« France moderne, qui repousserait les principes
« essentiels de la Révolution française et placerait
« l'hérédité dynastique au-dessus de la volonté natio-
« nale.

« Il va sans dire qu'ils ne pourraient aller non
« plus aux candidats qui renieraient l'idée de Patrie
« et sacrifieraient la France à un idéal internationa-
« liste, car nous sommes des patriotes avant tout.

« En dehors de ces exclusions sur lesquelles nous

« sommes et nous resterons irréductibles, nous accep-
« terons tous les concours et nous pourrons donner le
« nôtre. »

Pour préciser le but à atteindre et les moyens d'y
parvenir, M. GAUTHIER DE CLAGNY déclarait :

« Sur le but poursuivi, nous sommes unanimes.
« Nous voulons que le Prince Napoléon gouverne la
« France, parce que nous sommes convaincus que nul
« ne peut la gouverner mieux que lui, qu'il apaisera
« ses discordes, assurera sa prospérité, sa liberté, sa
« grandeur.

« Sous quel titre prendra-t-il le pouvoir ? *Empe-
« reur, consul, président de la république ?* Ce n'est ni
« le lieu ni l'heure de discuter cette question, qu'il
« n'appartient d'ailleurs ni au Prince, ni à nous de
« trancher. C'est le peuple seul qui a le droit de faire
« connaître sa volonté souveraine et de solutionner le
« problème. »

.....« Comment devons-nous entrevoir la réussite
« de nos espérances ? Parlons franc. A eux seuls, les
« plébiscitaires, quel que soit leur zèle, leur dévoue-
« ment, leur activité, quel que soit le courant qu'ils
« arrivent à déterminer dans les masses populaires,
« ne parviendraient pas à prendre le pouvoir. Ils ne
« peuvent ni renverser le régime, ni entrer de force
« dans la citadelle. Leur succès dépend du concours
« que leur apportera la partie la plus intelligente du
« personnel parlementaire.

« Le Prince ne peut aboutir sans le concours, je
« ne dis pas la complicité, car l'accord se fera au
« grand jour, d'un plus ou moins grand nombre

« d'hommes d'Etat républicains. Une heure viendra,
« prochaine peut-être, où les plus avisés des parle-
« mentaires, sentant que l'édifice national, ébranlé par
« l'anarchie grandissante, menace ruine et risque de
« les ensevelir sous les décombres, voudront sauver la
« France et se sauver eux-mêmes. Se rendant compte
« que seul un Napoléon, placé au-dessus des partis
« par le grand nom qu'il porte, défenseur le plus auto-
« risé des idées modernes (1), par les principes et les
« traditions qu'il représente, est en mesure de concilier
« les aspirations populaires et les nécessités d'un
« gouvernement stable et fort, ils chercheront eux-
« mêmes les bases acceptables d'un mariage de raison
« entre la démocratie républicaine et le Prince Napoléon.

    « Entre les plébiscitaires et les républicains qui
« ne sont pas stupidement hypnotisés par l'utopie
« parlementaire, il semble facile, au prix de quelques
« concessions réciproques, de tomber d'accord sur les
« conditions d'un concordat honorable pour les deux
« parties. Le Prince est prêt. »

    …..« Oui, nous avons besoin du concours des
« républicains, oui, l'accord se fera sous la poussée
« d'événements dont nous ne sommes pas les maîtres ;
« mais pour que l'entente puisse utilement se faire, il
« faut que nous représentions une force, une puis-
« sance qui inspire confiance aux auxiliaires de de-
« main. Si à l'heure du péril, quand les hommes d'Etat
« de tous les partis chercheront dans l'affolement et le
« désordre une solution pour conjurer la crise, nous
« n'avions pas partout une organisation sérieuse, si

____

(1) Voir Chapitre IV : *Le Droit nouveau.*

« nous n'avions pas déterminé un courant populaire
« obligeant tous les esprits à se tourner vers le
« Prince Napoléon, qu'adviendrait-il ? Ou bien le pays
« deviendrait la proie de l'anarchie, ou bien l'on trou-
« verait en dehors de nous un compromis bâtard,
« dictature éphémère, qui prolongerait peut-être l'agonie
« du régime, mais qui, incapable de rien édifier, ne
« laisserait après elle que des ruines.

« L'œuvre d'organisation et de propagande à
« laquelle vous devez consacrer vos efforts n'est donc
« pas vaine, loin de là, elle est essentielle pour assurer
« le succès de la cause napoléonienne. Il faut qu'au
« moment du danger, le pays trouve dans le parti
« plébiscitaire la force politique la plus solidement
« organisée, il faut que le Prince Napoléon apparaisse
« à tous comme un phare éclatant qui, dans la nuit et
« le fracas de la tempête, guide le vaisseau désemparé
« vers le port. »

.....« A la lutte sans merci que se livrent les fac-
« tions, nous opposons un programme de *réconciliation*
« *nationale.* Sans haine contre personne, sans ven-
« geance à exercer contre aucun parti, l'arrivée du
« Prince au pouvoir n'entraînerait aucune représaille.
« Bien mieux, le Prince entend faire appel au concours
« de tous, accueillir toutes les bonnes volontés, grouper
« toutes les capacités, toutes les intelligences, sans
« demander à personne son origine politique ou
« confessionnelle. Il l'a dit et sa parole a été entendue;
« il ne méconnait ni les progrès qui ont pu être
« accomplis sous le régime républicain, ni les services
« rendus par bon nombre de serviteurs de la Répu-

« blique ; il ne commettrait pas la faute de se priver
« de leur concours.

« La *pacification religieuse* est la première étape
« vers la réconciliation nationale. Nous entendons
« ramener la paix dans les consciences, nous respec-
« terons toutes les croyances et protégerons tous les
« cultes (1), mais nous ne serons les prisonniers de
« personne. A tous, nous donnerons une complète
« liberté : à l'idéal religieux, nous accorderons toute
« notre sympathie, mais nous connaissons les droits
« essentiels de l'Etat et nous saurons, sans persécu-
« tions mesquines, sans violences inutiles, les mettre
« à l'abri de toute atteinte..... »

« Le *progrès social*. C'est le but que tout gouverne-
« ment digne de ce nom doit se proposer d'atteindre.
« N'ayons peur d'aucune formule, ne reculons devant
« aucune réforme, fidèles à la tradition constante des
« Napoléons, poursuivons sans cesse l'amélioration du
« sort des travailleurs. Pas de réaction ; ce serait
« folie que de tenter d'arracher au prolétariat ses
« conquêtes ; nous voulons qu'il les conserve, nous
« voulons même les agrandir. »

.....« Avant de terminer, je voudrais jeter un coup
« d'œil rapide sur la situation générale du parti et
« vous commenter en quelques mots les instructions
« du Prince sur l'attitude que doivent prendre les
« plébiscitaires aux élections législatives de 1914.

« Avouons-le. Il y a deux ans, si l'idée bonapar-
« tiste vivait toujours dans le cœur de milliers de
« fidèles, nos troupes étaient dispersées. Les bourgeois

(1) Voir Chapitre IV : *Le Droit nouveau.*

« de tendances conservatrices étaient entrés dans les
« états-majors de l'Action libérale ; les ouvriers, les
« paysans étaient venus grossir les rangs des radicaux
« et des socialistes. Au Parlement, nos amis avaient
« dû se répartir dans divers groupements à étiquette
« plus ou moins républicaine. »

.....« La France inquiète voir venir l'orage, elle
« appelle de ses vœux « *un gouvernement qui gouverne* ».
« Avant peu, elle s'apercevra que seul le *Prince*
« *Napoléon* est en état de le lui donner.

« Le moment est venu pour les plébiscitaires de
« reprendre énergiquement leur œuvre de propagande
« et d'activer leur organisation. Les événements peuvent
« se précipiter. Il faut être prêt. En tout cas, il importe
« que vous soyez en mesure, pour répondre aux vœux
« du Prince, de prendre une part active aux élections
« de 1914. Vous connaissez ses instructions, elles sont
« formelles, il faut s'y conformer. »

.....« Il ne s'agit pas, remarquez-le bien, de faire
« triompher tel ou tel groupe, d'écraser un parti
« parlementaire au profit d'un autre, avant tout il
« faut obtenir dans la Chambre prochaine une majorité
« favorable à la Revision constitutionnelle et disposée
« à ouvrir les portes de la Patrie à notre Prince exilé.

« Sur ce terrain, toutes les alliances sont légitimes,
« vous pouvez accepter tous les concours et offrir le
« vôtre. Ai-je besoin de faire cependant une réserve
« qui s'impose d'elle-même ?

« Avec les révolutionnaires de droite, négateurs
« de la Souveraineté Nationale, avec les révolution-
« naires de gauche, négateurs de la Patrie, aucune
« entente n'est possible... »

Sur les droits du *Prince Napoléon* à gouverner la France, le MARQUIS DE DION faisait à son tour les intéressantes déclarations suivantes :

.....« Et, cependant, notre Prince ne s'est jamais
« prévalu des droits de sa naissance. Tout dernière-
« ment, ne déclarait-il pas : « Je ne me réclame pas
« d'un droit dynastique ; je suis un fils de la France
« moderne. Je reste fidèle aux traditions qu'incarne la
« Révolution française : souveraineté de la nation,
« égalité civique, liberté de conscience, progrès social.
« Je me sépare autant du jacobinisme de droite que
« de celui de gauche.

   « Je voudrais voir cesser. toutes les persécutions
« et n'en jamais recommencer de nouvelles. »

M. PAUL DE CASSAGNAC (qui, lui, ne semble pas
« *hypnotisé par l'utopie parlementaire* ») voulant sans
doute « *affirmer* » davantage la vertu gouvernementale
qu'il prête à la seule doctrine bonapartiste, s'exprimait
ainsi :

   .....« Combien d'entre vous ont tressailli, naguère,
« à la vue d'un général aimé des troupes et acclamé
« par la foule, qui s'en venait, droit sur son cheval
« noir, comme pour jeter à la Seine le groupe méprisé
« des parlementaires ? Hélas ! le cheval fit un écart, le
« cavalier tomba, et la monture s'enfuit au galop, et
« l'espérance avec elle !

   « Un prince vint ensuite. Il a la prestance d'Henri IV,
« et la robe de son cheval est de couleur blanche.
« Des rhéteurs et des sophistes l'escortent, chantant
« ses louanges et essayant de persuader le peuple.
« Mais pendant qu'ils discourent, ils ne s'aperçoivent

« pas que le prince, absorbé, indifférent, s'éloigne
« sans même tourner la tête, poursuivant vers d'autres
« cieux on ne sait quel rêve de chasseur ou de vert-
« galant. »

M. René Quérenet, membre du *Conseil directeur
du Comité politique*, résumait comme il suit, le programme social du gouvernement napoléonien :

.....« Et pour me résumer d'un mot, pour dire
« quelle serait la directive d'un Gouvernement napo-
« léonien dans les questions sociales, qu'il me soit
« permis, Messieurs, de rappeler une parole saisissante
« qui contient tout un programme de gouvernement :
« *La pauvreté ne sera plus séditieuse lorsque l'opulence
« ne sera plus oppressive...* La classe ouvrière ne
« possède rien, il faut la rendre propriétaire ; il faut
« lui donner une place dans la société et attacher ses
« intérêts à ceux du sol. Enfin elle est sans organisa-
« tion et sans liens, sans droit et sans avenir. Il faut
« lui donner des droits et un avenir... »

« Qui donc disait cela, messieurs ?

« Qui donc écrivait ces fortes paroles ? C'était le
« Prince Louis-Napoléon, le prisonnier de Ham, en
« 1844. Paroles, Messieurs, qu'on peut répéter aujour-
« d'hui ; paroles qui devront être la devise du futur
« Gouvernement napoléonien sur les questions sociales.

« Oui, il faut avoir confiance dans le peuple ; oui,
« il faut aider le quatrième État à comprendre ses
« devoirs, en lui reconnaissant ses droits ; oui, il faut,
« mettant au point d'aujourd'hui la phrase du Prince
« Louis-Napoléon, dire que le prolétariat français ne

« sera plus séditieux le jour où la puissance économi-
« que française ne sera plus oppressive. » (1)

......« *Rappelant le mot du poète :* « Qui sait où nous
« serons demain ? » M. René Quérenet concluait :

.....« Seul, à l'heure actuelle, le parti plébiscitaire
« napoléonien, parti de réconciliation nationale, selon
« le vœu le plus cher du Prince Napoléon, est synonyme
« d'ordre, d'autorité et de liberté. Seuls, les plébiscitaires
« napoléoniens ont un principe : l'autorité ; une doc-
« trine : la liberté dans la démocratie ; un chef : le
« Prince Napoléon.

« Chef préparé par son long exil à sa haute mission,
« peut-être prochaine — car les hommes vont vite sous
« le système actuel —, chef qui tout à la fois saura ses
« devoirs et ses droits vis-à-vis du peuple, chef aussi
« d'un gouvernement qui gouvernera, parce qu'il se
« sentira appuyé sur le pays tout entier ; chef enfin de
« cette *démocratie sociale* (2) qui est l'avenir de demain
« et dont la formule repose à la fois sur le respect et
« la protection du capital et de la propriété et sur
« l'accession légale à ce capital et à cette propriété du
« Quatrième État, dont nous ne saurions, sans injustice,
« méconnaître la puissante ascension.

« Continuons donc, Messieurs, l'œuvre entreprise ;
« ne nous lassons pas ; répandons dans tout le pays la
« doctrine plébiscitaire, qui est la doctrine républi-
« caine, et demandons bien haut et toujours la
« Revision de la Constitution de 1875 sur la base de la

----

(1) Voir notre ouvrage : *le Problème social.* (Bloud et Cie, Paris.)

(2) Doctrine condamnée par Léon XIII. Ency. *Graves de communi.* 18 janvier 1901.

« souveraineté populaire (1) et l'abrogation de la Loi
« d'Exil.

« Là est le droit et là est le salut ! »

Ainsi le *Prince Napoléon* veut gouverner la France.

Sous quel titre prendra-t-il le pouvoir?

Empereur, consul, président de la République?

Les plébiscitaires bonapartistes déclarent que c'est
là une question qu'il n'appartient ni au Prince ni à
eux de trancher.

Question sans grand intérèt, en vérité. L'histoire
ne nous apprend-t-elle pas comment un *Napoléon* sait
monter sur un tròne impérial, en passant, s'il le faut,
par le Consulat ou la présidence de la République?...

Pour assurer la réussite de leurs espérances, les
bonapartistes ne reculent devant rien, pas même
devant l'illusion : ils escomptent le concours des
républicains, et ils en font l'aveu dépouillé d'artifice.
Aucune alliance électorale ne leur répugne, à l'exclu-
sion toutefois d'une alliance avec les révolutionnaires
de droite ou avec les révolutionnaires de gauche.

Leur programme ? On le connaît en partie.

Dans l'ordre politique. — Formation d'un groupe
d'appel au peuple, réconciliation nationale, appel à
tous les concours, accueil de toutes les bonnes volontés, groupement de toutes les capacités et de toutes
les intelligences sans demander à personne son origine
politique ou confessionnelle.

Dans l'ordre religieux. — Respect de toutes les
croyances ; protection de tous les cultes, mais sans

(1) Voir Chapitre IV. *Le droit nouveau.*

être les prisonniers de personne. Complète liberté donnée à tous ; sympathie accordée à l'idéal religieux, mais droits de l'Etat mis à l'abri de toute atteinte.

Dans l'ordre social. — Progrès social sans peur d'aucune formule, sans reculer devant aucune réforme, en conservant et en agrandissant les conquêtes du prolétariat, en donnant à la classe ouvrière des droits et un avenir qu'elle n'a pas.

Pour gouverner la France et réaliser ce programme, le *Prince Napoléon* ne se réclame que de son titre de « *fils de la France moderne* » et de sa fidélité aux traditions, aux « *principes essentiels* » qu'incarne la « *Révolution française* ».

Mettre en lumière ces « *principes essentiels* » auxquels reste fidèle le *Prince Napoléon*, et montrer l'antagonisme « irréductible » qui existe entre la *Révolution* d'une part, la *République* et le *Christianisme* de l'autre, tel est tout le sujet de cet écrit.

CHAPITRE Ier.

La Révolution.

Il y a des mots qui se font dans la vie de l'humanité une étrange fortune, dirons-nous avec un illustre auteur (1), sur l'autorité considérable duquel nous appuyons la thèse — d'ailleurs mise en lumière par les enseignements du Saint-Siège — que nous soutenons dans cet écrit.

Parmi ces mots, qui ont l'incomparable puissance de remuer les âmes, de tenir les gouvernements en éveil et les générations dans l'attente, et non seulement de soulever la surface des sociétés mais encore d'en ébranler jusqu'aux fondements eux-mêmes, il en est un qui a obtenu un empire plus vaste et une puissance plus grande que tous les autres.

Ce mot est celui-ci : la *Révolution*.

Le singulier privilège de ce mot tient surtout au vague et à l'indéfini dont il est enveloppé, et que nous allons essayer de dissiper ici.

Mais, dira-t-on peut-être, quel intérêt peut offrir un écrit qui a la prétention de dire ce que chacun sait, ce que personne ne peut ignorer ?

(1) J. Félix S. J.

Car, enfin, la Révolution ce n'est pas un mythe ; ce n'est pas une inconnue, une vague abstraction qui se dérobe dans les nuages de la métaphysique : elle est la réalité la plus concrète et la plus vivante qu'il soit possible d'imaginer.

Qu'y a-t-il de plus connu, de plus palpable, de plus public, de plus visible et de plus retentissant que cette chose qu'on appelle la *Révolution ?*

La Révolution, c'est un fait qui se montre dans sa propre lumière : par ses discours, par ses journaux, par ses actions, elle ne cesse d'accuser sa présence et de révéler, avec les caractères qui en sont le fond, les tendances qui la dirigent, les pensées qui l'inspirent, les moyens qu'elle emploie et le but qu'elle poursuit.

Eh bien, malgré la clarté du fait, malgré les bruyantes manifestations et les publics agissements de l'esprit révolutionnaire, il est permis de croire, et nous allons montrer que rien, peut-être, n'est moins connu que l'idée vraie, moins défini que la notion exacte de la Révolution.

Nous pourrions, nous tenant sur le terrain fort étroit où se placent le *Prince Napoléon*, ses partisans, comme aussi bon nombre de leurs adversaires mystifiés par le roman révolutionnaire, nous borner à la réfutation de leurs principes et de leurs systèmes, en posant, avec un autre écrivain célèbre du siècle dernier (1), les quelques questions suivantes, du reste faciles à trancher :

La Révolution française a-t-elle résolu, après plus d'un siècle de durée, un seul des problèmes qu'elle se vante d'avoir soulevés ?

(1) Mgr FREPPEL.

Est-ce à elle qu'il convient d'attribuer une seule des réformes raisonnables et sensées accomplies dans l'ordre civil, politique et social ?

A-t-elle réalisé les maximes de liberté, d'égalité et de fraternité dont elle se prétend le symbole ?

Peut-elle se flatter d'avoir contribué aux progrès de la science et à l'amélioration du sort des travailleurs ?

Ou bien n'a-t-elle pas été le plus grand fléau du monde contemporain ?

Mais, pour la justification de notre thèse, il nous faudra remonter plus haut, à la source même de la Révolution.

I

Sans doute il s'est produit, en 1789, un double mouvement : un *mouvement réformateur*, que tous doivent approuver, et un *mouvement révolutionnaire*, que chacun doit réprouver.

Des abus graves, nombreux, s'étaient introduits en France au cours de notre histoire nationale ; on voulait, à bon droit, les supprimer.

On désirait la réforme de privilèges qui, utiles autrefois au bien général, ne répondaient plus aux raisons qui leur avaient donné naissance. On demandait aussi la suppression de coutumes surannées que ne justifiait plus aucun intérêt sérieux.

Sur tous ces points, et sur d'autres encore, la nation française était parfaitement fondée à réclamer des réformes. Rien de plus conforme à la justice comme aux vraies traditions du pays, que de demander le redressement d'abus qu'une longue suite de siècles avait pu introduire dans le gouvernement et l'administration de l'Etat. Mais, ces abus, — et c'est un point qui, croyons-nous, n'a pas été suffisamment mis en lumière — personne ne songeait à les maintenir ; ces réformes nécessaires, tout le monde était d'accord pour les opérer.

C'est ce qui résulte clairement de la lecture des *Cahiers* rédigés par les trois Ordres de la nation, clergé, noblesse et tiers-Etat, en vue de la réunion des Etats généraux.

Etait-il donc vraiment utile devant cet accord à peu près général, d'ouvrir une tragédie sanglante de dix ans, suivie depuis lors de bouleversements périodiques dont il n'est possible à personne d'entrevoir la fin ; de déchirer dans un jour de colère notre glorieuse histoire, et de lancer notre pays dans le plus terrible des inconnus ?...

Que durant cette phase de la Révolution, quelques abus d'un long passé aient pu disparaître, c'est ce que nous n'avons nul besoin de contester ; où trouvera-t-on, dans l'histoire du monde, des sociétés si grandes, si illustres qu'on les suppose, où ne se rencontrent quelques abus ? Et quelle merveille que, dans le cycle déjà parcouru par le tourbillon révolutionnaire, on ait vu disparaître, çà et là, quelques-uns de ces abus qui, d'ailleurs, ou bien étaient en voie de disparaître, ou bien auraient disparu sans la Révolution, malgré elle, et contre elle.

Mais, quoi qu'il en ait pu être du besoin d'amélioration à cette époque où d'aucuns placent le berceau de la *Révolution* ; et quelle que soit la part que l'histoire voudra faire à celle-ci dans la réforme des abus si prodigieusement exagérés pour les besoins de la cause, il faudrait avoir perdu le sens le plus vulgaire de notre propre histoire pour admettre que la puissance de la *Révolution* ne s'est manifestée que par la réforme de ces abus, alors qu'il est de notoriété publique et d'évidence historique que cette puissance a éclaté surtout dans le déplacement, le bouleversement et le déracinement des éléments constitutifs et des forces organiques, en un mot de l'ordre normal de la vie sociale.

Il faut donc bien prendre garde, quand on parle de la Révolution française, de ne pas négliger la distinction fondamentale entre le mouvement *réformateur* et le mouvement *révolutionnaire* qui caractérisent cette époque de notre histoire.

Cette remarque faite, entrons plus avant au cœur de notre sujet ; et d'abord, recherchons quelle est la signification exacte de ce mot : *Révolution*.

II

Sous ce mot *Révolution*, chacun met un peu ce qu'il veut.

Ceux qui, d'un côté, n'y voient que des événements historiques ; ceux pour qui l'idée se dérobe sous le fait et l'essence sous le phénomène, ne reconnaissent la vraie Révolution, celle qu'ils attaquent ou qu'ils défendent, ni dans les mêmes dates, ni dans les mêmes événements.

D'autre part, ceux qui s'accordent à reconnaître

qu'il y a au fond de ces événements une idée qui en est l'universelle expression, ne s'entendent pas davantage dès qu'il s'agit de dire et de préciser en quoi consiste cette idée.

Tous prononcent le mot ; tous disent Révolution ; mais ni ceux qui en demandent le triomphe, ni ceux qui en demandent la défaite ne prétendent ni faire triompher ni anéantir exactement la même chose. Unité dans le nom, diversité dans la chose ; et, sous le même mot prononcé par tous et dans lequel tous semblent se rencontrer, division des idées, anarchie de pensées, où personne ne semble plus s'entendre.

Qu'on en juge.

Pour les révolutionnaires les plus modérés, la Révolution, c'est 89 avec ses *immortels principes :* la Déclaration des droits de l'homme, la reconnaissance de la souveraineté populaire ; celle des libertés nécessaires et intangibles inhérentes à la personnalité humaine : liberté de conscience, liberté de la presse, liberté des cultes, et nous ne savons plus combien d'autres libertés qu'ils estiment tout à fait inconnues de l'autre côté de cette date à jamais fameuse de 1789.

Pour une autre catégorie de révolutionnaires, la Révolution, c'est la fin du despotisme et de la tyrannie des rois ; c'est 92 avec ses proscriptions nécessaires et ses exécutions sanglantes ; c'est 93 avec les noyades et les fusillades, avec les massacres et le régicide ; bref, ce sont toutes les œuvres dues à l'énergie de ces grands hommes, de ces génies, les Danton, les Saint-Just, les Marat, les Robespierre, œuvres qui sont comme le symbole de la Révolution, génies qui en sont les vraies personnifications.

Pour une troisième spécialité de révolutionnaires, pour ceux qui affectent l'horreur du massacre et de l'égorgement, la Révolution, c'est l'explosion de la démocratie soi-disant pacifique telle qu'elle se produisit en février 1848, démocratie de la paix et de la fraternité, malheureusement devenue, quatre mois plus tard, la démocratie de la guerre civile et des luttes fratricides.

Pour les exaltés de la « *Guerre sociale* » enfin, la Révolution, la vraie Révolution, celle qu'ils rêvent de réaliser, n'a pas encore existé, du moins dans les proportions qu'ils entendent lui donner. A en croire ces Titans de la Révolution sociale, les effroyables tueries de 93, les scènes de cannibales de la rue Haxo, n'auraient été que le prélude, qu'un échantillon du « *Grand soir* » qu'ils préparent à la Société, à la lueur incendiaire de leurs abominables forfaits.

Ainsi, au point de vue historique, nulle concordance ni sur les événements, ni sur les dates, ni sur les hommes qui représentent cette chose : la *Révolution*.

Tous, en un sens, ont raison, parce que tous ces événements sont des faits révolutionnaires, toutes ces dates sont des époques révolutionnaires, tous ces hommes sont des acteurs du grand drame révolutionnaire.

Mais tous aussi ont tort, parce que la Révolution, en essence, ce n'est pas une manifestation plus ou moins éclatante, une explosion plus ou moins formidable qui se produit à intervalles plus ou moins réguliers dans la vie des sociétés : la *Révolution*, c'est une *idée*, une idée universelle qui traverse et remue de son souffle l'humanité entière ; qui enflamme les passions qu'elle y suscite et engendre des résolutions qui lui ressemblent et qui tendent à la faire entrer, d'une manière définitive, dans les réalités de notre monde nouveau.

Même parmi ceux qui reconnaissent que la *Révolution* est avant tout une *idée*, le désaccord n'est pas moins complet, avons-nous dit, dès qu'il s'agit de préciser en quoi consiste cette idée.

Écoutons-les.

Voici d'abord les admirateurs de la Révolution.

« L'idée révolutionnaire, dit l'un, c'est l'idée de la fraternité universelle ; c'est l'idée de l'affranchissement des peuples en voie d'échapper à toutes les tyrannies et à toutes les servitudes. »

« L'idée révolutionnaire, dit un autre, c'est l'idée du progrès en marche, renversant tout ce qui s'oppose à son mouvement ascensionnel et triomphal. »

« L'idée révolutionnaire, dit un troisième, c'est l'idée du laïcisme universel, c'est l'idée de l'affranchissement de la pensée encore enveloppée comme une momie dans les bandelettes des vieux dogmes. »

« L'idée révolutionnaire, dit un quatrième, c'est l'idée même de la destinée, qui pousse les multitudes à la recherche du mieux-être, à la découverte de ce « *paradis terrestre* » que le génie humain finira bien par réaliser un jour. »

Passons maintenant au camp des adversaires.

« L'idée révolutionnaire, dit celui-ci, c'est l'idée de la révolte lancée à la conquête de la pensée libre et de l'indépendance absolue de l'homme. »

« L'idée révolutionnaire, dit celui-là, c'est l'idée de la décadence et de la plus répugnante barbarie. »

« L'idée révolutionnaire, proclame un autre, c'est l'idée de la plus vile et de la plus dégradante des servitudes. »

« L'idée révolutionnaire, pensent tous, c'est l'idée du despotisme le plus redoutable qui puisse s'appesantir sur les sociétés ; car la Révolution, c'est le despotisme de tous confisquant la liberté de chacun. »

Nous ne discutons pas, dès à présent, soit au point de vue des faits, soit à celui de l'idée, ces opinions si diverses ou contradictoires. Nous constatons seulement qu'entre tous ces jugements portés sur la Révolution, le désaccord éclate partout ; nous constatons que ceux qui ne voient la Révolution que dans les faits ne la voient pas dans le même fait, et que ceux qui voient la Révolution dans une idée ne la voient pas dans la même idée ; nous constatons que ceux qui poursuivent le triomphe définitif de la Révolution et ceux qui en poursuivent la défaite complète ne prétendent ni faire triompher ni anéantir exactement la même chose ; nous constatons enfin, que s'il y a unité absolue dans le mot, il y a diversité complète dans la chose, et que sous ce vocable, *Révolution*, que tous prononcent, se révèle une anarchie profonde de pensées : que cette appellation désigne, selon ceux qui l'emploient, des choses diamétralement opposées ou des choses infiniment variées.

Comment, dès lors, redirons-nous encore avec l'illustre auteur déjà cité (1), comment les discussions

(1) J. Félix. S. J.

qui ont pour objet la Révolution pourraient-elles ne pas s'éterniser?

Et lorsque, dans les luttes ardentes engagées entre les partis et les partis, entre les hommes et les hommes, les mêmes mots de part et d'autre servent à exprimer des idées diverses et souvent opposées, comment les disputes humaines pourraient-elles finir, alors qu'elles ont une raison péremptoire de se renouveler sans cesse et de durer toujours ?

Il y a donc aujourd'hui, pour chacun et pour tous, un intérêt immense à s'entendre une bonne fois, sur la vraie signification qu'il convient d'attacher à ce mot qui, depuis plus d'un siècle, retentit aux quatre vents du ciel ; à ce mot en quelque sorte fatidique, devenu pour les uns un signe de ralliement, et pour les autres un signe de contradiction ; pour les uns le gage de toutes les espérances et de toutes les grandeurs, et pour les autres le présage de tous les malheurs et de tous les désastres.

Essayons donc de jeter un peu de lumière sur ce point si digne d'attirer l'attention des hommes qui se préoccupent de l'avenir de la société en général, et de la société française en particulier.

III

La Révolution, au sens où il faut l'entendre ici, c'est-à-dire en tant qu'il s'agit des changements plus ou moins brusques ou plus ou moins lents survenus dans les gouvernements, dans les sociétés, dans les religions, la Révolution, c'est le bouleversement, le renversement, le déracinement, si ce n'est toujours la destruction.

Et, en fait, de l'aveu de tous, même de ses admirateurs, la Révolution a bouleversé et elle bouleverse encore ; elle a renversé et elle renverse encore ; elle a déraciné et elle déracine encore ; elle a détruit et elle détruit encore.

Si ce n'est toujours le fait, le fait accompli, c'est la tendance permanente de la Révolution. Ce besoin de la Révolution est inné ; il est pour ainsi dire dans ses veines, dans son sang, il est sa vie même.

La Révolution fait nécessairement ce que son nom signifie : elle *révolutionne*, autrement dit elle bouleverse, elle renverse, elle déracine, elle détruit ; et ses bouleversements, et ses renversements, et ses déracinements et ses destructions portent sur toutes les grandes forces sociales, c'est-à-dire sur les éléments constitutifs et organiques de toute société.

Quiconque n'est pas absolument aveugle ou n'a pas la vue troublée par le fanatisme révolutionnaire, voit cela de son premier regard comme on voit la lumière elle-même.

Sous ce rapport, ce qui est vrai de tout révolutionnaire sincère se vérifie pour la Révolution tout entière. Or, qu'y a-t-il de plus palpable et de plus frappant que ce besoin de renversement et de destruction qui possède et caractérise tout vrai révolutionnaire ?

Allez trouver le premier révolutionnaire venu et demandez-lui ce qu'il veut : il veut détruire quelque chose. Allez, interrogez un autre, et puis un autre ; vous arriverez infailliblement à la même découverte : tous veulent détruire quelque chose.

Tous, peut-être, au moment même, ne s'en prennent pas à la même chose ; leur besoin de déraciner et de détruire choisit au détail des objectifs divers ; mais tous, sous les noms prestigieux de réforme ou de transformation, de progrès ou d'amélioration, ont leur objectif préféré de renversement et de destruction.

« Moi, dit celui-ci, je demande la réforme de la propriété. La propriété, telle qu'elle est organisée, c'est le vol, rien que le vol ! Le propriétaire n'est qu'un détenteur injuste que le droit oblige à la restitution. Je veux pour tous, le droit à la richesse qui est à tous. »

Ainsi la propriété individuelle, base matérielle de la société, et sans laquelle la société même s'évanouirait, le révolutionnaire la nie radicalement ; il la proclame une usurpation, une injustice, un vol enfin !

Et le propriétaire, même celui qui a fait sortir sa propriété d'un labeur opiniâtre, de la poussière arrosée de ses sueurs, quelquefois de ses larmes, et souvent au prix des plus dures privations, c'est le spoliateur qu'il faut contraindre par la loi, au besoin par la force, à restituer au prolétaire outragé dans ses droits, sa part du commun héritage.

Et c'est au nom de la fraternité que le révolutionnaire voue des haines fratricides à ce paisible citoyen devenu propriétaire !...

« Moi, dit celui-là, je demande la suppression des armées permanentes. Je veux que les gardes civiques remplacent nos traîneurs de sabres et nos armées parasites.

« Le soldat n'est qu'un esclave de l'obéissance, un instrument de toutes les usurpations et de toutes les tyrannies, qui mange nos finances dans la paix en attendant qu'il prostitue notre honneur dans la guerre.

« Arrière donc le militarisme : arrière cet art de tuer, élevé à la hauteur d'une profession, même d'un ministère ; arrière les armées permanentes, arrière ces bataillons qui menacent et fusillent le peuple ! »

Comme si le soldat était autre qu'un homme représentant la force mise au service du droit ; toujours armé et toujours debout pour arrêter l'invasion qui menace du dehors et l'anarchie qui menace au-dedans ; garde généreuse et souvent héroïque qui couvre la frontière et protège le sommeil de la patrie !

Comme si les armées, ces légions de dévoués toujours prêts à payer le tribut ou la rançon du sang, étaient autre chose que les fils du peuple lui-même, voués à la défense de la patrie, notre commune Mère !

« Moi, dit un autre, je demande la transformation de la magistrature, notamment de la magistrature inamovible. Je veux l'élection de la magistrature par le peuple, et j'entends que le magistrat soit le véritable serviteur de la justice populaire. »

Ainsi le magistrat, c'est-à-dire l'homme de la justice et du droit ; la personnification de cette justice qui couvre de son regard et de sa main la propriété et la liberté humaine ; le magistrat, lui aussi, est l'objet de la haine révolutionnaire. Entre le vrai magistrat et le vrai révolutionnaire, l'antagonisme est radical ; et — il faut le proclamer bien haut — cette haine du révolutionnaire pour le magistrat est l'un des plus grands honneurs de la magistrature contemporaine.

« Moi, dit un quatrième, je veux porter plus loin la réforme et la transformation. Le mariage devant l'État et devant l'Église, c'est la consécration civile et religieuse de la servitude, la confiscation légale et théologique de la liberté. Partisan des mœurs libres et des libres amours, je demande, en attendant mieux, avec la libre sélection des amours attractifs, la liberté indéfinie du divorce et de la séparation.

« Arrière les apôtres de la permanence du lien conjugal ; arrière les fanatiques de l'indissolubilité du mariage. La famille contemporaine, la famille chrétienne surtout, est en contradiction formelle avec la constitution sociale que nous voulons inaugurer dans le présent pour le progrès des sociétés de l'avenir. »

Ainsi, la famille, telle qu'elle est constituée ; la famille, telle que les sociétés et les religions l'ont consacrée de siècle en siècle ; la famille, cette œuvre non de création humaine, mais divine ; la famille, le reflet le plus beau de la société divine, et le type le plus parfait de la société humaine, le révolutionnaire la nie ; le révolutionnaire l'attaque ; le révolutionnaire veut la détruire !

« Moi, dit un cinquième, je demande l'abolition de l'hérédité qui ment au principe essentiel de la Révolution ; car la Révolution, c'est en tout ordre de choses la suppression de toute servitude et de toute hérédité. Comment la volonté du mourant peut-elle transmettre, par-delà la tombe du mort, un domaine à sa postérité ?

« Arrière ce privilège qui assure à l'homme devenu cadavre une souveraineté posthume qui répugne à la condition des morts et confisque la liberté des vivants ! »

Oui, l'hérédité, c'est-à-dire la tradition du patrimoine dans la famille ; l'hérédité, garantie de la perpétuité et de la permanence de la société domestique ;

l'hérédité, hors de laquelle la famille, sans attache au passé et à l'avenir ne serait, comme l'individu, qu'un phénomène éphémère s'évanouissant dans le présent ; l'hérédité, qui est un prolongement à travers la durée du travail des bienfaits et des sacrifices paternels, des fatigues d'un père et des sollicitudes d'une mère, le révolutionnaire ne craint pas de l'attaquer en droit et de la nier en fait !

« Moi, dit un sixième, je demande la transformation aussi prompte que possible de l'affreux capital ; et si le gouvernement ne peut immédiatement décréter la radiation complète de tous les prétendus droits des capitalistes, je veux qu'on y arrive légalement, et, comme moyen d'y arriver, je demande la suppression de l'impôt proportionnel et son remplacement par l'impôt général progressif.

« Arrière ceux qui proclament, au nom de la justice, le principe de la proportionnalité de l'impôt ; ceux qui prétendent, à l'encontre de la véritable doctrine démocratique, que l'impôt est une contribution obligatoire exigée par l'État pour services rendus ou à rendre à la collectivité tout entière ; que les pauvres bénéficient de ces services autant sinon même plus que les riches ; que, sous un régime de suffrage universel, tous sont responsables des obligations contractées par la nation et doivent, en conséquence, participer à leur exécution dans la mesure de leurs facultés ; que dès lors l'État ne saurait, pas plus qu'un commerçant, avoir deux séries de prix qu'il appliquerait suivant la fortune de ses clients.

« Plus de ces distinctions subtiles entre la justice et la charité. Je nie la Providence divine : la Providence, c'est l'Etat. En vraie démocratie, il n'y a qu'une formule : suppression des capitalistes ; mise à la disposition de l'Etat de tous les capitaux, de quelque nature qu'ils soient, accumulés sur le territoire de la nation. »

Oui le capital, cet épouvantail montré par le révolutionnaire aux regards des multitudes effrayées, comme le monstre ravageur du monde économique ; le capital, qui pourtant n'est autre chose que l'ensemble des produits de l'activité humaine ; le capital, qui est à la fois l'effet et la cause du travail ; le nerf de l'industrie, de l'agriculture et du commerce ; le capital, tel qu'il existe depuis que l'homme a su produire et épargner quelque chose ; le capital domestique, fils généreux du sacrifice et de l'épargne, où une postérité reconnaissante peut retrouver quelque chose de l'amour des ancêtres, et où les enfants peuvent sentir, jusque sous le métal qui le représente, les dévouements d'un père et les souffrances d'une mère ; eh bien, ce capital, le révolutionnaire le hait et le maudit, comme il hait et maudit la propriété et le propriétaire !...

« Moi, dit un septième, au nom de la liberté révolutionnaire, je demande la suppression de tout enseignement religieux ; je proclame, partout, le laïcisme universel. Plus de temples, plus de prêtres, plus de Dieu dans l'humanité. Ces éléments disparus, c'est la ruine de toutes les religions, et, de cette ruine, le progrès va sortir. »

Quoi ! la religion, que l'on trouve au berceau de toute société naissante ; la religion, qu'un illustre païen proclamait lui-même la force motrice de toutes choses ; la religion, qui est une condition de vie, de mouvement, de fécondité ; la religion, ce besoin du céleste, cette passion du divin, cette recherche de l'infini, cette respiration naturelle de l'humanité de tous les temps et de tous les lieux ; cette force mystérieuse, qui nous attire vers notre centre céleste, entreprendre de la chasser de la terre et de l'arracher à l'homme ?

Quel prodige d'aveuglement et d'aberration !

Cette publique tentative de chasser, au nom du progrès, toute religion de l'humanité, est un phénomène qui ne s'était jamais vu, qui dénoncera notre siècle aux siècles à venir et le marquera d'un stigmate ineffaçable !

C'est, dans l'histoire du monde humain, quelque chose comme le monstre dans le monde animal ; c'est la monstruosité de notre temps !

Ah ! elle s'explique cette aberration. C'est que le révolutionnaire sent, par un infaillible instinct, que la religion est le dernier rempart qui l'empêche de passer et de toucher à son but ; et que, tant que cette base ne sera pas ébranlée, l'édifice social ne pourra jamais être tout à fait renversé.

Il sent que là est la vérité qui repousse toutes ses erreurs, que là est la sainteté qui repousse toutes ses corruptions, que là est l'autorité qui repousse toutes ses anarchies, que là, en un mot, est la force divine qui dit à l'idée dévastatrice : « *Tu n'iras pas plus loin.* »

Il serait facile d'étendre la liste des revendications et l'énumération des exigences de ceux qui, en se décorant du nom de révolutionnaires, se posent en réformateurs, et de montrer, en allant au fond de leurs programmes, que tous cachent, s'ils ne les avouent, quelques projets de renversement, de ruine, de déracinement et de destruction.

Mais nous craindrions de laisser descendre notre parole jusqu'à ces luttes vulgaires où l'on voit les partis aux prises avec les partis, les ambitions aux prises avec les ambitions ; et nous voulons rester à cette hauteur où les hommes disparaissent devant les idées, ne rechercher que ce qui, partout et toujours, sauve les peuples : *la justice et la vérité.*

CHAPITRE II.

La Révolution et la République.

Il est un préjugé qui a pris racine dans un grand nombre d'esprits et qui, par la confusion d'idées profondément distinctes, contribue à prolonger le malentendu sur la question qui nous occupe et rendrait, s'il n'était préalablement écarté, toute solution impossible.

Le préjugé dont nous voulons parler, consiste à identifier plus ou moins l'esprit républicain avec l'esprit révolutionnaire, la *République* avec la *Révolution*.

A entendre certains hommes plus frappés des apparences qu'attentifs au fond des choses, République et Révolution, c'est tout un ; et quiconque se proclame républicain est convaincu d'être un révolutionnaire : d'où la conséquence que repousser et attaquer la Révolution, c'est repousser et attaquer la République et tout gouvernement républicain ; car aux yeux de ces hommes aveuglés par le préjugé, ces deux choses unies dans leur esprit ou dans leur cœur, sont nécessairement frappées des mêmes coups.

Or — nous avons hâte de le déclarer, sans hésitation et sans crainte aucune — cette identification de deux choses essentiellement distinctes est complétement erronée.

Non, la Révolution n'est pas la République ; et répudier la première, ce n'est pas nécessairement répudier la seconde.

Non, la Révolution n'est pas essentiellement républicaine, ni la République essentiellement révolutionnaire ; et ceux qui, dans leurs discours et dans leurs programmes travaillent à consacrer une union inséparable, une sorte de mariage indissoluble entre le génie révolutionnaire et l'institution républicaine, exécutent une consigne et obéissent à un mot d'ordre, s'ils ne sont eux-mêmes dupes des illusions de leur esprit et de la confusion de leurs idées.

Non, l'idée républicaine, prise rigoureusement et en elle-même, n'a rien de commun avec l'idée révolutionnaire ; non Révolution et République ne sont pas une même chose, mais deux choses entre elles absolument distinctes.

Et nous affirmons, appuyé sur le bon sens, l'expérience et l'histoire, que la Révolution, sans rien abdiquer de son symbole politique ni de son programme social, peut, selon les situations, être consulaire, impériale ou royale aussi bien que républicaine, et qu'elle est surtout, d'instinct, despotique et tyrannique.

Un dictateur même ne lui déplaît pas, alors que le dictateur lève son drapeau et impose son programme. Bien plus, la dictature brisant par l'arbitraire des décrets et par la prépotence de la force tout obstacle qui l'empêche de passer lui apparaît comme l'idéal le plus beau à réaliser.

Si la Révolution affecte des préférences pour telle ou telle forme de gouvernement, c'est que, à tort ou à raison, cette forme, mieux que toutes les autres, semble ouvrir la route au passage de ses idées et à l'avénement de son règne. Mais, au fond, la Révolution est plus absolue qu'elle n'est libérale, pourvu que l'absolutisme ce soit *elle-même.*

Donnez aujourd'hui pour gouverner la France, sous quelque nom que ce soit, un homme incarnant la Révolution, c'est-à-dire un révolutionnaire couronné, et demain vous verrez les révolutionnaires à genoux devant sa statue vivante, obéissant à la Révolution en obéissant au despote, abdiquant toute liberté devant le Nabuchodonosor de la force et de la tyrannie.

« *La Révolution peut faire également son œuvre sous*
« *une forme gouvernementale quelconque, alors que ceux*
« *qui sont au pouvoir s'inspirent de son esprit, poursui-*
« *vent son but, et plus ou moins réalisent son idéal. Il*
« *peut y avoir un empereur ou un roi de la Révolution,*
« *et nous n'apprenons rien à personne en affirmant que,*
« *si tel prince qu'on voudra supposer, armé de prévention*
« *et de haine contre l'Eglise, était porté par le flot de*
« *l'événement au sommet du pouvoir, nous pourrions*
« *avoir demain sur le trône un révolutionnaire couronné,*
« *ou la Révolution incarnée dans un homme, et nul*
« *doute que tous ceux qui ne se proclament républicains*
« *que parce qu'ils se disent révolutionnaires, seraient aux*
« *pieds de cet homme personnifiant et glorifiant la Révo-*
« *lution qu'ils aiment plus que tout, plus même que la*
« *République tant vantée dans leurs discours.*

« *Oui, cette union de la Révolution et d'un empire,*
« *et même d'une royauté, est possible : preuve irrécusable*
« *que la Révolution n'est pas essentiellement conjointe*
« *avec la République.* » (1)

(1) J. Félix. S. J.

Nous affirmons donc que la République, en tant que République, n'a elle-même et par elle-même aucune attache nécessaire avec ce que nous appelons de son vrai nom, la Révolution ; que Révolution ne veut pas dire République ; et que, par conséquent, accuser de déclarer la guerre à la République, quiconque s'attaque par la parole ou par la plume à la Révolution et rien qu'à la Révolution, ne peut être que le fait de l'ignorance ou le fait de la mauvaise foi.

Que, par le fait, la République et la Révolution se trouvent souvent, en partie du moins, personnifiées dans les mêmes hommes, cela ne change rien à la question de fond, et ne peut empêcher de reconnaître que la Révolution n'est pas la République ; et cela, pour cette raison décisive qui peut à elle seule tenir lieu de toutes les autres : que la République n'est pas une chose intrinsèquement mauvaise, tandis que la Révolution est une chose intrinsèquement perverse ; que la première peut être le bien, et la seconde ne peut être que le mal dans l'humanité.

CHAPITRE III.

***

La Révolution & le Christianisme.

***

I.

Si les révolutionnaires divergent et se divisent quand il s'agit du choix des objectifs de bouleversement, de renversement, de déracinement et de destruction, tous, nous l'avons vu, ont besoin de bouleverser, de renverser, de déraciner, de détruire quelque chose.

Mais il est une chose, ou plutôt une institution contre laquelle ils s'unissent, en plein accord, dans la résolution de l'attaquer, de la bouleverser et, s'il se pouvait, de la détruire.

Cette institution, qui est le type le plus parfait et le plus ferme soutien de toutes les autres ; qui réalise en elle-même et par elle-même tout ce que le génie de la Révolution promet à l'humanité sans le réaliser jamais ; cette institution, c'est la Religion du Verbe incarné, c'est le Christianisme.

Sur cet objectif, toutes les haines révolutionnaires convergent ; une même attraction les attire pour faire l'œuvre de la haine, c'est-à-dire pour nuire, pour frapper, pour essayer de la détruire.

On dirait toutes les haines de Satan conspirant

contre le Verbe de Dieu : haines si intenses, si profondes, si acharnées, si vraiment implacables, que seul ce qui est divin peut être haï de la sorte.

Nous touchons ici au point central, à ce que l'on peut nommer la nature intime, l'essence propre, le cœur même de la Révolution.

Oui, de l'aveu des révolutionnaires de pur sang et de vraie race, le Christianisme, c'est l'institution qu'il faut haïr, c'est l'institution qu'il faut attaquer, c'est l'institution qu'il faut démolir, pour faire passer sur ses ruines le char triomphal de la Révolution victorieuse et maîtresse du monde.

Constater ce fait public, ce fait vivant et d'une actualité plus saisissante que jamais, ce n'est ni outrager ni calomnier la Révolution ; car, cette haine, elle-même prend soin de la faire éclater au grand jour, par la parole, par la presse, par l'action et par toutes ses audacieuses conspirations.

« *La Révolution, c'est la société déchristianisée ; c'est*
« *le Christ refoulé au fond de la conscience individuelle,*
« *banni de tout ce qui est public, de tout ce qui est social ;*
« *banni de l'État, qui ne cherche plus dans son autorité*
« *la consécration de la sienne propre ; banni des lois,*
« *dont sa loi n'est plus la règle souveraine ; banni de la*
« *famille, constituée en dehors de sa bénédiction ; banni*
« *de l'école, où son enseignement n'est plus l'âme de*
« *l'éducation ; banni de la science, où il n'obtient pour*
« *tout hommage qu'une sorte de neutralité non moins*
« *injurieuse que la contradiction ; banni de partout, si*
« *ce n'est peut-être d'un coin de l'âme où l'on consent à*
« *lui laisser un reste de domination.*

« *La Révolution, c'est la nation chrétienne débaptisée,*

« *répudiant sa foi historique, traditionnelle et cherchant*
« *à se reconstruire, en dehors de l'Évangile, sur les bases*
« *de la raison pure, devenue la source unique et la seule*
« *règle du devoir. Une société n'ayant plus d'autre guide*
« *que les lumières naturelles de l'intelligence, isolées de la*
« *Révélation, ni d'autre fin que le bien-être de l'homme*
« *en ce monde, abstraction faite de ses fins supérieures,*
« *divines, voilà dans son idée essentielle, fondamentale, la*
« *doctrine de la Révolution.* » (1)

Ainsi, en dernière analyse, la Révolution, c'est l'Antichristianisme, c'est-à-dire l'opposition directe et systématique à la Religion de Jésus-Christ.

Plus on creusera cette définition, plus on découvrira que rien ne peut mieux exprimer ce qu'il y a de plus intime et de plus profond dans la Révolution, en un mot que là est l'*essence* même de la Révolution.

Que le vulgaire des intelligences même cultivées ; que certains penseurs trompés par leurs propres visions n'aient pas vu jusqu'alors le mal monter à tous les horizons de la société, que du moins ils ne l'aient pas vu dans son fond, à la rigueur on peut le comprendre. Mais aujourd'hui que la Révolution a jeté tous ses masques et tous ses déguisements, aujourd'hui que la Révolution dit à qui veut l'entendre :

« Oui, le Christianisme, tout le Christianisme mais en particulier le Christianisme catholique, c'est lui, c'est bien lui, lui surtout que je hais ; lui que j'attaquerai, lui et lui seul à qui j'entends faire une guerre opiniâtre, acharnée, persévérante et universelle » ;

(1) Mgr FREPPEL.

aujourd'hui que la Révolution se flatte de s'arranger avec les autres religions, et au besoin de s'en faire des auxiliaires ; aujourd'hui que la Révolution redit partout avec éclat : « Je suis l'Antichristianisme ; entre l'Antichristianisme et moi la conciliation est impossible et la guerre est à jamais » ; aujourd'hui que la Révolution a fait partout retentir ce cri forcené : « Le Christianisme, et en particulier l'Eglise catholique, c'est l'ennemi, le grand ennemi, l'ennemi qu'il faut détester, l'ennemi qu'il faut poursuivre, l'ennemi qu'il faut abattre » ; aujourd'hui qu'il est manifeste qu'entre le Christianisme et la Révolution, toute union est illusoire, toute paix impossible, toute trêve factice ; aujourd'hui que la guerre à outrance est déclarée contre tout ce qui a nom catholique : guerre par la légalité d'abord, et, s'il le faut, guerre par l'ostracisme, guerre par la spoliation, guerre par l'exil, guerre par la proscription, guerre par la force et par la violence, guerre par la mort et par l'extermination ; aujourd'hui que la Révolution déclare « que pour arriver à son but, il faut que l'obstacle tombe ; que pour triompher, il faut que disparaisse la force capable de l'arrêter au chemin, et que le plus grand, le seul véritable obstacle qui l'empêche de passer, c'est l'Eglise ; qu'il faut donc que l'Eglise tombe et disparaisse ; et que, pour la faire disparaître, si l'idée ne suffit pas, si la parole ne suffit pas, la Révolution tirera son glaive pour la tuer ; qu'elle a le droit pour vaincre de tuer son ennemi », comment peut-il encore se rencontrer des hommes qui croient ou feignent de croire que le Christianisme peut se concilier avec la Révolution ; qui ne voient pas ou feignent de ne pas voir que cette idée est un anachronisme n'ayant même plus pour se justifier l'ombre, non seulement d'une apparence de raison, mais pas même l'ombre d'un prétexte, comment peut-il encore se trouver des hommes qui appellent entre la Révolution et le Christianisme, c'est-à-dire entre deux incompatibles, des conciliations qui pouvaient être de généreuses illusions à une époque où la Révolution n'avait pas encore découvert entièrement son visage, ni révélé le fond de son cœur, mais qui ne sont désormais que de désastreuses chimères ?

Vraiment cela est, ou plutôt serait inexplicable, si la passion et l'esprit de parti ne suffisaient à tout expliquer !

A entendre ces étranges conciliateurs, l'Eglise n'a qu'à se faire quelque peu révolutionnaire, et la Révolution, de son côté, n'a qu'à se faire ou du moins qu'à se montrer quelque peu chrétienne : alors, entre ces deux choses, la Révolution et le Christianisme, l'antagonisme ne peut plus être, la conciliation est faite entre ces éléments absolument contraires et essentiellement répulsifs, à la satisfaction de tous, pour la paix et le progrès de l'humanité.

Sans doute, parmi ces conciliateurs, il en est de sincères qui prêtent à la Révolution leur propre sincérité, dupes qu'ils sont à la fois des hypocrisies de leur adversaire ou des illusions de leur propre pensée. Aussi bien nous garderons-nous de jeter l'anathème à ces hommes qui, pour gagner leurs frères et nous sauver avec eux, veulent tout essayer, même l'impossible.

Ne disons rien non plus de ces crédules et de ces naïfs qui attribuent à la Révolution les semences de bien que le Christianisme a fait germer et croître lentement à travers les siècles, et qui promettaient pour l'avenir des moissons que la Révolution de son souffle dévorant a fait mourir en germes avant qu'elles pussent éclore tout à fait.

Mais que penser de ces hommes, trop habiles et trop ingénieux dont la sagacité, trompée par leurs erreurs, s'applique à confondre le vrai et le faux, le bien et le mal, l'ordre et le désordre ; et cela, lorsque la Révolution elle-même prend à tâche de nous démontrer chaque jour, par ses discours, par ses journaux, par ses programmes et surtout par son action, qu'elle est l'Antichristianisme et rien que l'Antichristianisme, donc le mal et rien que le mal, le désordre et rien que le désordre ?

Travail ingrat qu'entreprennent ces hommes et qui ne saurait aboutir ; travail illusoire, portant à faux et s'exerçant sur le vide ; travail malavisé, par lequel ils s'abusent eux-mêmes en essayant de désabuser les autres ; travail dont le résultat le plus certain ne sera jamais que de contrister leurs amis, en méritant pour eux-mêmes les applaudissements de leurs ennemis !

Ah ! si jamais le mal pouvait entrer dans l'Eglise elle-même, il y aurait pour l'Eglise quelque chose de plus redoutable que d'être niée, haïe, attaquée par la Révolution : ce serait de pactiser avec elle, et, plus ou moins, de lui ouvrir la porte de son sanctuaire. Oui, à le bien prendre, ce qui fait le plus grand mal de l'Eglise ou plutôt de ses enfants, ce n'est pas tant d'être haïs, calomniés, poursuivis par la Révolution, que de se laisser plus ou moins envahir par elle, c'est-à-dire par ses idées, par ses principes et par ses prétendues conquêtes ; c'est de sacrifier à ses erreurs une part de la vérité ; c'est de rêver entre ces erreurs et la vérité chrétienne des alliances impossibles ; c'est, sous le prétexte de concilier le Christianisme avec la Révolution, de faire pénétrer la Révolution dans le Christianisme ; c'est de prendre pour trouver grâce devant elle, ce masque de la Révolution qui s'appelle le *libéralisme* (1) ; c'est, enfin, d'aspirer plus ou moins, dans l'atmosphère du siècle, quelque chose du souffle révolutionnaire.

Voyez-les, ces grands libéraux, bonapartistes ou autres, ils aiment encore mieux la Révolution que l'Eglise ; et lorsqu'une heure décisive ou une volonté impérative les somme de choisir entre l'une ou l'autre, ils désertent l'Eglise et passent à la Révolution ; ou bien, essayant de trouver entre les deux un milieu qu'ils ne peuvent tenir, ils font de ces deux choses, qui se repoussent, un amalgame insensé et plus ou moins ridicule, où le vrai et le faux, le bien et le mal, le moral et l'immoral, le satanique et le divin s'étonnent de se rencontrer ensemble ; amalgame sacrilège surtout, où l'on dirait que le Christ et Satan, Dieu et Bélial veulent s'embrasser de cet embrassement horrible, monstrueux, impossible, rêvé par un poëte de la Révolution, alors qu'il s'écriait : « *Jésus et Bélial, embrassez-vous !* » (2)

Tristes génies, emportés par le vent de la Révo-

---

(1) Nous n'attaquons ici que le *libéralisme* défini et condamné par Léon XIII dans son Enc. *Libertas praestantissimum* du 20 juin 1888, abstraction faite du beau sens où le mot *libéral* signifie large, tolérant, généreux.

(2) Victor Hugo.

lution des hauteurs du Christianisme dans l'abîme où ils se débattent, comme l'ange de la chute, au milieu d'effroyables ténèbres, et qui laissent voir ce que peut devenir le chrétien livrant son Christianisme à ce vent dévorant qui détruirait tout dans l'Eglise, si l'Eglise jamais pouvait être détruite !

Mais il y aurait quelque chose de plus désastreux encore pour l'Eglise et pour ses enfants : ce serait d'être applaudis et exaltés par la Révolution ; car ce serait alors, dans l'Eglise de Dieu, la grande abomination de la désolation, et dans ses enfants, déshonorés par ces applaudissements, le signe le plus certain de l'apostasie et de la trahison.

Ah ! malheur à nous si nous pactisons avec la Révolution ; mais deux fois malheur, si nous méritons ses éloges et ses applaudissements !

Si la Révolution veut pactiser avec l'Eglise, si elle demande de l'embrasser, c'est pour faire par rapport à l'Eglise, ce que le cruel Néron consentait à faire par rapport à Britannicus, qu'on lui proposait d'embrasser en signe de réconciliation : « *Oui, je l'embrasserai, mais c'est pour l'étouffer.* »

Après cela, qu'ils nous disent, les derniers tenants d'un libéralisme vieilli, que l'opposition systématique et la résistance publique à la Révolution n'est que l'effet d'un malentendu, et qu'annoncer tout haut la résolution de la combattre, c'est compromettre la Religion elle-même ; qu'ils s'en aillent dans leur calme olympique, au risque de ne plus être crus de personne, si tant est qu'ils se croient eux-mêmes ; qu'ils s'en aillent redisant à qui veut encore les entendre, que la Révolution n'est qu'un mot, un mot insaisissable et n'exprimant qu'un fantôme, et que le courage chrétien se prenant à la Révolution par la parole ou par l'action, c'est l'héroïsme, un bandeau sur les yeux, aux prises avec une chimère; une chose demeure, certaine, évidente, rayonnante de clartés comme un soleil en plein midi: c'est que la Révolution, à l'heure où nous écrivons, se déclare elle-même ce qu'elle est, c'est-à-dire radicalement hostile au Christianisme, mais très spécialement aux catholiques et au Catholicisme; c'est qu'enfin, cette guerre déclarée au Christianisme par la Révolution s'accentue chaque jour davantage; c'est que jamais n'a brillé à nos yeux, d'un plus sinistre éclat, cette vérité si pleine de menaces dans le présent et de tempêtes pour l'avenir: *La Révolution, c'est l'Antichristianisme* (1).

Remarque. — D'aucuns seront peut-être tentés de nous reprocher d'attaquer le *Parti libéral* et, par suite, les bons catholiques qui peuvent s'y trouver affiliés. Reproche souverainement injuste. Nous n'ignorons pas l'existence d'un groupement, l'*Action libérale populaire*, composé de républicains (?), de monarchistes, royalistes ou bonapartistes. Mais, à notre connaissance du moins, il n'y a pas de *parti libéral*...

Politiquement, et en ce qui touche la France, un tel *parti* n'existe pas.

Qu'on veuille donc bien nous faire l'honneur de croire que nous avons assez de bon sens pour ne pas attaquer... le *néant*.

(1) J. Félix.

Le caractère essentiellement antireligieux, et parculièrement antichrétien que nous venons d'attribuer à la Révolution, pourra paraître à nos révolutionnaires mitigés, soi-disant libéraux, une exagération d'un catholicisme, ou, comme ils disent volontiers, d'un ultramontanisme outré.

Aussi, sommes-nous heureux de rapporter ici les lignes suivantes extraites d'un magistral discours prononcé à Berlin par le Docteur STAHL, pasteur protestant, discours reproduit dans le « *Bien Public* » de Gand, le 29 septembre 1878.

« *La Révolution*, dit ce Docteur évangélique, *n'est* « *pas un acte, mais un état continu. De tout temps, il y* « *a eu des rébellions, des renversements de constitutions,* « *des changements de dynasties : mais la Révolution porte* « *la griffe particulière et distincte de notre époque...*

« *La Révolution, c'est la doctrine que toute autorité,* « *loin de découler de Dieu, émane de l'homme ; c'est, au* « *lieu de l'ordre divin, la fondation de l'État public sur* « *la volonté de l'homme...*

« *La Révolution réclame la séparation de l'Église et* « *de l'État, et elle demande pour l'école du peuple l'intro-* « *duction de la religion naturelle à la place du Chris-* « *tianisme.*

« *Le Docteur STAHL insiste : « Oui, dit-il, la Révo-* « *lution, c'est la société fondée sur la volonté de l'homme,* « *au lieu d'être fondée sur la volonté de Dieu.*

« *La Révolution n'est pas tel ou tel fait ; elle n'est* « *ni le combat des barricades, ni le hurlement de la* « *Montagne, ni la guillotine, ni les noyades. Ce sont là* « *des effets, des symptômes de la maladie, ce n'est pas la* « *maladie elle-même...*

« *Il est d'autres prévarications, telles que, par exem-*
« *ple, usurpation, tyrannie, oppression des consciences ;*
« *ce sont là des transgressions de l'ordre divin, mais ce*
« *n'est pas l'abolition radicale de tout ordre divin ; ce*
« *n'est pas le renversement total de l'ordre céleste, pour*
« *mettre à sa place l'ordre humain. Donc, à titre égal, le*
« *péché de la Révolution est toujours plus coupable.....*

« *L'homme,* dit encore notre orateur berlinois,
« *chasse Dieu du trône de son cœur, et s'y place lui-même.*
« *C'est l'archirévolution : toute autre révolution n'en est*
« *qu'une conséquence. C'est pourquoi la Révolution triom-*
« *phante abolit le service divin pour introniser la raison*
« *humaine.....*

« *La Révolution, considérée dans son essence, c'est*
« *donc l'homme du péché se faisant adorer lui-même dans*
« *le temple de Dieu.....*

« *Or, le Christianisme est l'extrème opposé du péché*
« *de la Révolution, parce qu'il pose toute la vie humaine*
« *sur l'ordre divin.....*

« *Le Christianisme seul peut donc garantir l'ordre*
« *social, après que les fondements en ont été ébranlés par*
« *la Révolution.....*

« *Le Christianisme est seul capable de conduire au*
« *but désiré du progrès ; et de lui seul jaillissent les*
« *principes constitutifs qui peuvent donner, dans leur sens*
« *salutaire,* la liberté, l'égalité et la fraternité. »

Paroles deux fois remarquables, et par leur valeur intrinsèque, et par la situation de celui qui les pro-
nonça, et nous pourrions ajouter, par le milieu dans lequel il les a prononcées.

Naguère le grand Pontife Pie IX ne craignit pas

de dire devant le monde entier, attentif à sa parole infaillible :

« *La Révolution est inspirée par Satan. Son but est* « *de détruire de fond en comble tout l'édifice du Chris-* « *tianisme, et de reconstituer, sur ses ruines, l'ordre* « *social du paganisme.* »

Et parce que le *Socialisme* est ce qu'il y a de plus révolutionnaire dans la *Révolution*, nous terminerons ce chapitre en montrant que la Révolution, c'est le Socialisme ; ou plutôt que le *Socialisme*, c'est la *Révolution* même, mais la Révolution élevée à sa plus haute puissance, et par conséquent la consommation et la plénitude de l'*Antichristianisme*.

II.

Il n'entre pas dans le cadre de notre sujet de suivre dans toutes ses évolutions et dans toutes ses formes le génie de la Révolution.

Il nous faudrait pour cela montrer que la Révolution est née dans le ciel avant d'éclater sur la terre ; qu'elle a son origine dans le cri du grand révolté qui emporta dans sa rébellion une partie des célestes phalanges, toutes redisant ce cri de révolte : « *Non serviam* », *je n'obéirai pas.*

Il nous faudrait ensuite montrer, les uns après les autres, tous les affluents de ce grand fleuve dévastateur qu'est le *Socialisme*, faire entendre la rumeur de toutes ses protestations contre la vérité, et de toutes ses révoltes contre l'autorité.

Nous nous bornerons à marquer ici, par quelques

jalons à travers l'histoire, les principales étapes de la protestation révolutionnaire, et à montrer comment de révolutions en révolutions, nous sommes arrivés à ce grand péril de la *Révolution sociale*, et comment de protestations en protestations, nous sommes arrivés à ce protestantisme universel : le *Socialisme*.

La première grande protestation qui a commencé à creuser le lit et à précipiter le courant du Socialisme dans notre monde nouveau, c'est la protestation religieuse, c'est la protestation de LUTHER clamant :

« *A bas la Papauté, à bas la grande prostituée.* »

C'était, non pas la Réforme, comme on se plaisait à le dire, c'était la Révolution dans l'Eglise.

Nous ne discutons pas ici — qu'on veuille bien le remarquer — le Protestantisme comme valeur religieuse, morale et dogmatique : nous constatons un fait, un fait historique, le Protestantisme religieux, point de départ de la Révolution dans le monde moderne, parce qu'il est la première grande protestation contre le principe d'autorité.

Et s'il est vrai, comme nous l'avons montré ailleurs (1), que le Socialisme est la plus grande protestation contre toute autorité, comment nier que LUTHER, sans le vouloir et peut-être même sans le savoir, ait donné au mouvement socialiste une première et puissante impulsion ?

Après le protestantisme religieux, voici poindre le protestantisme philosophique ou la révolution rationa-

_____

(1) Conférences non publiées, et brochure sur le Socialisme.

liste : le protestantisme de VOLTAIRE proclamant l'autorité de l'homme et la souveraineté de sa pensée.

Et, bientôt, l'on verra la déesse Raison montrant au monde, sous le marbre vivant d'une chair déshonorée, la dernière expression de ce protestantisme philosophique, de la révolution rationaliste.

Après ces deux protestations marchant ensemble et se fortifiant l'une l'autre, la première accumulant les ruines de la foi, la seconde celles de la raison, une troisième allait se faire entendre.

Ce fut la protestation de MIRABEAU qui, pour avoir paru reculer devant l'abîme ouvert par lui-même, n'en demeure pas moins, devant l'histoire, l'initiateur de cette ère de nos tempêtes politiques contemporaines. Un abîme allait s'ouvrir, en effet, qui devait séparer la société du passé de la société de l'avenir : du haut d'un échafaud environné d'un nuage sanglant, la tête d'un roi tomba, et le bruit de cette chute, retentissant au loin, fit redire à tous les échos du monde : « La souveraineté des rois n'est plus ; il n'y a plus maintenant que la royauté du peuple, maître souverain et juge suprême des rois. »

Après toutes ces protestations, la croyance en un Dieu vivant, personnel, auteur et conservateur du monde restait encore.

C'est alors qu'on entendit le génie de la Révolution s'écrier : « Dieu, c'est la cause de toutes les superstitions, de toutes les servitudes et de toutes les misères. Dieu, c'est le mal, le mal qu'il faut combattre, le mal qu'il faut chasser, le mal qu'il faut anéantir. »

C'était la Révolution triomphante, s'apprêtant à monter sur les ruines de la société et à s'écrier, debout sur ces ruines amoncelées, et, s'il le fallait, au milieu d'une mare de sang :

« *Je suis et il n'y a plus que moi.* »

Mais la société, avec ses inéluctables nécessités, avec ses lois fondamentales, avec son invincible besoin de conservation, oppose à cette dernière protestation le *non possumus* de la vie et de la conservation sociale.

La société, et non plus tel gouvernement, non plus telle monarchie ou telle république, mais la société elle-même ; la société, ce grand édifice humain où chaque homme est une pierre vivante ; la société, telle qu'elle subsiste partout avec sa constitution inviolable ; la société, au fond toujours la même, sous ses formes éternellement changées et rechangées par le flux et le reflux des événements ; la société, contre laquelle le génie de l'homme n'avait pas encore songé à protester ; la société, dont le barbare reconnaît et proclame, tout en l'altérant, l'inaltérable constitution ; la société, dont le sauvage lui-même garde jusque dans l'humiliation de sa décadence l'essence inviolée et le type obscurci, mais toujours reconnaissable ; eh bien, la société, c'est elle-même qui maintenant est l'objet de la protestation révolutionnaire ; c'est devant elle que le *Socialisme*, ce génie infernal, se pose en disant :

« *Je proteste contre l'ordre social, je nie la société.* »

En deux mots : Après la *révolution religieuse*, ou le Protestantisme proprement dit, la *révolution philosophique*, c'est-à-dire le *rationalisme* ; après la révolution philosophique, la *révolution politique* ou le révolutionnarisme ; après la révolution politique, la *révolution sociale* ou le Socialisme : tel est, d'étape en étape, l'aboutissement fatal de la Révolution.

Et, comme pour marquer ces grandes étapes à travers notre monde nouveau, voici que les clameurs de la Révolution se répondent à trois siècles d'intervalle comme les échos agrandis d'une même voix :

Après la voix de Luther clamant au monde : « *Rome, c'est Babylone ; la Papauté, c'est la prostituée : à bas Rome, à bas la Papauté* » ; après la voix de Voltaire, clamant au milieu du XVIIIᵉ siècle : « *le Christianisme, c'est l'Infâme ; l'Église, c'est l'Infâme : à bas l'Église et le Christianisme* » ; après la voix de Mirabeau, clamant à la fin du même siècle : « *le roi, c'est le tyran : à bas la tyrannie, qui est la servitude et l'humiliation des peuples* », voici que l'on entend une voix plus audacieuse encore, clamant dans le bruit de nos tempêtes sociales : « Le gouvernement, c'est l'*anarchie* ; la propriété, c'est le *vol* ; Dieu, c'est le *mal*. Et cela veut dire : « *A bas la société, la société qui s'appuie à la fois sur* « *la famille, la religion, le gouvernement et la propriété ;*

« *Vive la Révolution sociale, vive le Socialisme !* »

Ainsi — nous croyons l'avoir suffisamment démontré — la *Révolution*, c'est le génie de la destruction ; la Révolution, c'est la puissance de la désorganisation ; la Révolution, c'est, dans chacun et dans tous les hommes qui s'intitulent ou qui, sans même s'en douter, sont révolutionnaires, c'est l'idée fixe, la passion effrénée, la résolution déterminée des bouleversements politiques et des destructions sociales ; c'est le besoin de désordre, et, par suite, la haine de l'autorité, principe et condition de tout ordre.

La Révolution, c'est le mal radical de l'homme, c'est-à-dire l'égoïme dans la société ; l'égoïsme, l'éternel ennemi de toute harmonie et de toute création, et le principe universel de tout désordre et de toute destruction.

« La Révolution, c'est quelque chose de plus profond que la rébellion, plus profond même que l'anarchie : c'est le péché capital dans la sphère politique et sociale. » (1)

La Révolution enfin, c'est la négation de tout, hormis deux choses : elle-même et son droit prétendu de posséder la terre et de gouverner le monde.

A la lettre, la Révolution, c'est la négation de la vérité totale, c'est le nihilisme de la doctrine, c'est le radicalisme de l'erreur ; c'est, si l'on ose dire, le *syllabus* de la négation. Elle attaque tout ; elle nie tout ; elle blasphème tout : Dieu, l'âme, l'immortalité, la responsabilité, la liberté, la justice, l'autorité, et même la propriété.

La *Révolution*, c'est *Satan* dans l'humanité ;
La *Révolution*, c'est l'*Antichristianisme*.

(1) Docteur STAHL.

CHAPITRE IV.

Nous rapportons dans ce chapitre, classées sous les rubriques : *les deux Pouvoirs, le Droit nouveau, Respect dû au Pouvoir constitué*, quelques citations puisées dans les documents du Saint-Siège et qui, dès lors, se passent de commentaires.

Outre qu'elles sont en quelque sorte le fondement et la justification de la thèse que nous venons d'exposer, ces citations mettent en pleine lumière l'inéluctable nécessité d'un accord permanent entre le *pouvoir religieux* et le *pouvoir civil* pour le plus grand bien des individus et des sociétés soumises à l'un et à l'autre pouvoir.

I. — Les deux Pouvoirs.

« L'homme est né pour vivre en société, car, ne
« pouvant dans l'isolement, ni se procurer ce qui est
« nécessaire et utile à la vie, ni acquérir la perfection
« de l'esprit et du cœur, la Providence l'a fait pour
« s'unir à ses semblables, en une société tant domesti-
« que que civile, seule capable de fournir ce qu'il faut
« à la perfection de l'existence. Mais comme nulle
« société ne saurait exister sans un chef suprême et

« qu'elle imprime à chacun une même impulsion, il en
« résulte qu'une autorité est nécessaire aux hommes
« constitués en société pour les régir ; autorité qui,
« aussi bien que la société, procède de la nature, et,
« par suite, a Dieu pour auteur. Il en résulte encore
« que le pouvoir public ne peut venir que de Dieu.
« Dieu seul, en effet, est le souverain Maître de toutes
« choses ; toutes, quelles qu'elles soient, doivent néces-
« sairement lui être soumises et lui obéir ; de telle
« sorte que quiconque a le droit de commander ne tient
« ce droit que de Dieu, chef suprême de tous. *Tout
« pouvoir vient de Dieu.* » (Rom. XIII. 1).

« Il n'est pas plus permis de mépriser le pouvoir
« légitime, quelle que soit la personne en qui il réside,
« que de résister à la volonté de Dieu ; or, ceux qui
« lui résistent courent d'eux-mêmes à leur perte.

« *Qui résiste au pouvoir résiste à l'ordre établi par
« Dieu, et ceux qui lui résistent s'attirent à eux-mêmes la
« damnation.* » (Rom. V. 2).

« Ainsi donc, secouer l'obéissance et révolutionner
« la société par le moyen de la sédition, c'est un crime
« de lèse-majesté, non seulement humaine, mais di-
« vine. »

« Du reste, la souveraineté n'est en soi nécessai-
« rement liée à aucune forme politique ; elle peut fort
« bien s'adapter à celle-ci ou à celle-là, pourvu qu'elle
« soit de fait apte à l'utilité et au bien commun.

.....« Si la nature et la raison imposent à chacun
« l'obligation d'honorer Dieu d'un culte saint et sacré,
« parce que nous dépendons de sa puissance et que,
« issus de lui, nous devons retourner à lui, elles as-

« treignent à la même loi la société civile. Les hommes,
« en effet, unis par les liens d'une société commune,
« ne dépendent pas moins de Dieu que pris isolément ;
« au moins autant que l'individu, la société doit rendre
« grâce à Dieu, dont elle tient l'existence, la conser-
« vation et la multitude innombrable de ses biens.
« C'est pourquoi, de même qu'il n'est permis à per-
« sonne de négliger ses devoirs envers Dieu, et que le
« plus grand de tous les devoirs est d'embrasser d'es-
« prit et de cœur la religion, non pas celle que chacun
« préfère, mais celle que Dieu a prescrite et que des
« preuves certaines et indubitables établissent comme
« la seule vraie entre toutes, ainsi les sociétés poli-
« tiques ne peuvent sans crime se conduire comme si
« Dieu n'existait en aucune manière, ou se passer de
« la religion comme étrangère ou inutile, ou en ad-
« mettre une indifféremment selon leur bon plaisir.
« En honorant la Divinité, elles doivent suivre stric-
« tement les règles et le mode suivant lesquels Dieu
« lui-même a déclaré vouloir être honoré.

« Dieu a donc divisé le gouvernement du genre
« humain entre deux puissances : la puissance ecclé-
« siastique et la puissance civile ; celle-là préposée
« aux choses divines, celle-ci aux choses humaines.

« Chacune d'elles en son genre est souveraine,
« chacune est renfermée dans des limites parfaitement
« déterminées et tracées en conformité de sa nature et
« de son but spécial. Il y a donc comme une sphère
« circonscrite dans laquelle chacune exerce son action
« *jure propriö.*

« Toutefois, leur autorité s'exerçant sur les mêmes

« sujets, il peut arriver qu'une seule et même chose
« ressortisse à la juridiction et au jugement de l'une
« et l'autre puissance. Il était donc digne de la sage
« Providence de Dieu, qui les a établies toutes deux,
« de leur tracer leur voie et leur rapport entre elles.
« *Les puissances qui sont ont été disposées par Dieu* ».
« (Rom. XIII, 1). S'il en était autrement, il naîtrait
« souvent des causes de funestes contentions et de con-
« flits, et souvent l'homme devrait hésiter, perplexe,
« comme en face d'une double voie, ne sachant que
« faire, par suite des ordres contraires de deux puis-
« sances dont il ne peut en conscience secouer le joug.

.....« Il est donc nécessaire qu'il y ait entre les
« deux puissances un système de rapports bien ordon-
« né, non sans analogie avec celui qui, dans l'homme,
« constitue l'union de l'âme et du corps.

.....« Ainsi, tout ce qui, dans les choses humaines,
« est sacré à un titre quelconque, tout ce qui touche
« au salut des âmes et au culte de Dieu, soit par sa
« nature, soit par rapport à son but, tout cela est du
« ressort de l'autorité de l'Eglise.

« Quant aux choses qu'embrasse l'ordre civil et
« politique, il est juste qu'elles soient soumises à l'au-
« torité civile, puisque Jésus-Christ a commandé de
« rendre à César ce qui est à César, et à Dieu ce qui
« est à Dieu.

« Des temps arrivent parfois où prévaut un autre
« mode d'assurer la concorde et de garantir la paix et
« la liberté; c'est quand les chefs d'Etat et les Souve-
« rains Pontifes se sont mis d'accord par un traité sur
« quelque point particulier. Dans de telles circons-

« lances, l'Eglise donne des preuves éclatantes de sa
« charité maternelle, en poussant aussi loin que pos-
« sible l'indulgence et la condescendance.

.....« Cette constitution de la société politique.....
« produirait certainement des fruits excellents et variés
« si seulement chaque pouvoir demeurait dans ses
« attributions et mettait tous ses soins à remplir l'office
« et la tâche qui lui ont été déterminés.

.....« Dans l'ordre politique et civil, les lois ont
« pour but le bien commun, dictées non par la volonté
« et le jugement trompeur de la foule, mais par la
« vérité et la justice.

.....« Quand l'Empire et le Sacerdoce vivent en
« bonne harmonie, le monde est bien gouverné, l'Eglise
« est florissante et féconde. Mais quand la discorde se
« met entre eux, non seulement les petites choses ne
« grandissent pas, mais les grandes elles-mêmes dépé-
« rissent misérablement. »
(Léon XIII. Encyc. *Immortale Dei*. 1er novembre
1885).

II. — Le Droit nouveau.

« Mais ce pernicieux et déplorable goût de nou-
« veautés que vit naître le xvie siècle, après avoir
« d'abord bouleversé la religion chrétienne, bientôt par
« une pente naturelle passa à la philosophie, et de la
« philosophie à tous les degrés de la société civile.
« C'est à cette source qu'il faut faire remonter ces
« principes modernes de liberté effrénée, rêvés et pro-
« mulgués parmi les grandes perturbations du siècle
« dernier, comme les principes et les fondements d'un
« *droit nouveau*, inconnu jusqu'alors, et sur plus d'un
« point en désaccord, non seulement avec le droit
« chrétien, mais avec le droit naturel.

« Voici le premier de ces principes : tous les hom-
« mes, dès lors qu'ils sont de même race et de même
« nature, sont semblables, et, par le fait, égaux entre
« eux dans la pratique de la vie ; chacun relève si bien
« de lui seul, qu'il n'est d'aucune façon soumis à l'au-
« torité d'autrui : il peut en toute liberté penser sur
« toute chose ce quil veut, faire ce qu'il lui plaît ; per-
« sonne n'a le droit de commander aux autres. Dans
« une société fondée sur ces principes, l'autorité publi-
« que n'est que la volonté du peuple, lequel, ne
« dépendant que de lui-même, est aussi le seul à se
« commander. Il choisit ses mandataires, mais de telle
« sorte qu'il leur délègue moins le droit que la fonction
« du pouvoir pour l'exercer en son nom. La souverai-
« neté de Dieu est passée sous silence, exactement
« comme si Dieu n'existait pas, ou ne s'occupait en
« rien de la société du genre humain, ou bien comme

« si les hommes, soit en particulier, soit en société, ne
« devait rien à Dieu, ou qu'on pût imaginer une puis-
« sance quelconque dont la cause, la force, l'autorité
« ne résidât pas tout entière en Dieu même. De cette
« sorte, on le voit, l'État n'est autre chose que la mul-
« titude maîtresse et se gouvernant elle-même ; et dès
« lors que le peuple est censé la source de tout droit
« et de tout pouvoir, il s'ensuit que l'État ne se croit
« lié à aucune obligation envers Dieu, ne professe
« officiellement aucune religion, n'est pas tenu de
« rechercher quelle est la seule vraie entre toutes, ni
« d'en préférer une aux autres, ni d'en favoriser une
« principalement ; mais qu'il doit leur attribuer à toutes
« l'égalité en droit, à cette fin seulement de les empê-
« cher de troubler l'ordre public. Par conséquent,
« chacun sera libre de se faire juge de toute question
« religieuse, chacun sera libre d'embrasser la religion
« qu'il préfère ou de n'en suivre aucune si aucune ne
« lui agrée. De là découlent nécessairement la liberté
« sans frein de toute conscience, la liberté absolue
« d'adorer ou de ne pas adorer Dieu, la licence sans
« bornes de penser et de publier ses pensées.

« Quant à la souveraineté du peuple, que, sans
« tenir aucun compte de Dieu, l'on dit résider de droit
« naturel dans le peuple, si elle est éminemment propre
« à flatter et à enflammer une foule de passions, elle
« ne repose sur aucun fondement solide et ne saurait
« avoir assez de force pour garantir la sécurité publique
« et le maintien paisible de l'ordre. En effet, sous
« l'empire de ces doctrines, les principes ont fléchi à
« ce point que, pour beaucoup, c'est une loi impres-

« criptible en droit politique, que de pouvoir légitime-
« ment soulever des séditions. Car l'opinion prévaut
« que les chefs de gouvernement ne sont plus que des
« délégués chargés d'exécuter la volonté du peuple :
« d'où cette conséquence nécessaire que tout peut
« également changer au gré du peuple et qu'il y a tou-
« jours à craindre des troubles.

« Relativement à la religion, penser qu'il est
« indifférent qu'elle ait des formes disparates et
« contraires équivaut simplement à n'en vouloir ni
« choisir, ni suivre aucune. C'est l'athéisme moins le
« nom.

« Quiconque, en effet, croit en Dieu, s'il est
« conséquent et ne veut pas tomber dans l'absurde,
« doit nécessairement admettre que les divers cultes
« en usage, entre lesquels il y a tant de différence, de
« disparité et d'opposition, même sur les points les plus
« importants, ne sauraient être tous également bons,
« également agréables à Dieu. »
(LÉON XIII. *Immortale Dei.* 1er novembre 1885).

« Non, de par la justice ; non, de par la raison,
« l'État ne peut être athée, ou, ce qui reviendrait à
« l'athéisme, être animé à l'égard de toutes les religions,
« comme on dit, des mêmes dispositions, et de leur
« accorder indistinctement les mêmes droits. »
(LÉON XIII. *Libertas, praestantissimum.* 20 juin
1888).

« Prétendre assujettir l'Eglise au pouvoir civil
« dans l'exercice de son ministère, c'est à la fois une

« grande injustice et une grande témérité. Par le fait
« même, on trouble l'ordre, car on donne le pas aux
« choses naturelles sur les choses surnaturelles ;
« on tarit, ou, certainement, on diminue beaucoup
« l'affluence des biens dont l'Eglise, si elle était sans
« entraves, comblerait la société ; et, de plus, on ouvre
« la voie à des haines et à des luttes dont de trop fré-
« quentes expériences ont démontré la grande et funeste
« influence sur l'une et l'autre société. »

« Ces doctrines, que la raison humaine réprouve
« et qui ont une influence si considérable sur la marche
« des choses publiques, les Pontifes romains, nos
« prédécesseurs, dans la pleine conscience de ce que
« réclamaient d'eux la charge apostolique, n'ont jamais
« souffert qu'elles fussent impunément émises. C'est
« ainsi que, dans sa Lettre Encyclique *Mirari vos*, du
« 15 août 1832, Grégoire XVI, avec une grande
« autorité doctrinale, a repoussé ce que l'on avançait
« dès lors, qu'en fait de religion, il n'y a pas de choix
« à faire : que chacun ne relève que de sa conscience
« et peut, en outre, publier ce qu'il pense et ourdir des
« révolutions dans l'Etat. »
(Léon XIII. *Immortale Dei*. 1ᵉʳ novembre 1885).

« De cette source empoisonnée de l'*indifférentisme*,
« découle cette maxime fausse et absurde ou plutôt ce
« délire : qu'on doit procurer et garantir à chacun *la*
« *liberté de conscience ;* erreur des plus contagieuses, à
« laquelle aplanit la voie cette liberté absolue et sans
« frein des opinions qui, pour la ruine de l'Eglise et
« de l'Etat, va se répandant de toutes parts, et que

« certains hommes, par un excès d'impudence, ne
« craignent pas de représenter comme avantageuse à
« la religion. Eh ! « quelle mort plus funeste pour les
« âmes que la liberté de l'erreur ! » disait saint Augus-
« tin.

.....« De là le peu de stabilité des esprits ; de là,
« la corruption toujours croissante des jeunes gens ; de
« là, dans le peuple, le mépris des droits sacrés, des
« choses et des lois, les plus saintes ; de là, en un mot,
« le fléau le plus funeste qui puisse ravager les Etats ;
« car l'expérience nous l'atteste et l'antiquité la plus
« reculée nous l'apprend : pour amener la destruction
« des Etats les plus riches, les plus puissants, les plus
« glorieux, les plus florissants, il n'a fallu que cette
« liberté sans frein des opinions, cette licence des
« discours publics, cette ardeur pour les innovations.

.....« Nous ne pourrions augurer des résultats plus
« heureux pour la religion et pour le pouvoir civil,
« des désirs de ceux qui appellent avec tant d'ardeur
« la séparation des Eglises et de l'Etat, et la rupture
« de la concorde entre le Sacerdoce et l'Empire. Car
« c'est un fait avéré, que tous les amateurs de la liberté
« la plus effrénée redoutent par-dessus tout cette con-
« corde qui a toujours été aussi salutaire et aussi
« heureuse pour l'Eglise que pour l'Etat. »
(GRÉGOIRE XVI. *Mirari vos.* 15 août 1832.)

Déjà le Souverain Pontife PIE VII, dans sa Lettre
Post tam diuturnas à Mgr DE BOULOGNE, Evêque de
Troyes, s'était exprimé comme il suit, au sujet de la
liberté des cultes et de conscience.

« Un nouveau sujet de peine, dont notre cœur est
« encore plus vivement affligé, et qui, nous l'avouons,
« nous cause un tourment, un accablement et une an-
« goisse extrêmes, c'est le 22ᵉ article de la constitution.

« Non seulement on y permet *la liberté des cultes*
« *et de conscience,* pour nous servir des termes mêmes
« de l'article, mais on promet appui et protection à
« cette liberté, et en outre aux ministres de ce que l'on
« nomme *les cultes.* Il n'est pas besoin de longs dis-
« cours, nous adressant à un évêque tel que vous,
« pour vous faire reconnaître clairement de quelle
« mortelle blessure la religion catholique en France se
« trouve frappée par cet article. Par cela même qu'on
« établit la liberté des cultes sans distinction, on
« confond la vérité avec l'erreur, et l'on met au rang
« des sectes hérétiques et même de la perfidie judaïque
« l'Epouse sainte et immaculée du Christ, l'Eglise hors
« de laquelle il ne peut y avoir de salut. En outre, en
« promettant faveur et appui aux sectes des hérétiques
« et à leurs ministres, on tolère et on favorise non
« seulement leurs personnes, mais encore leurs erreurs.
« C'est implicitement la désastreuse et à jamais déplo-
« rable hérésie que saint Augustin mentionne en ces
« termes : « Elle affirme que tous les hérétiques sont
« dans la bonne voie et disent vrai. Absurdité si
« monstrueuse que je ne puis croire qu'une secte la
« professe réellement. »
(Lettre du 29 avril 1814).

Et Pie IX :

« En conséquence de cette idée absolument fausse
« du gouvernement social, ils (les naturalistes) n'hé-

« sitent pas à favoriser cette opinion erronée, on ne
« peut plus fatale à l'Eglise catholique et au salut des
« âmes, et que notre prédécesseur, d'heureuse mémoire,
« GRÉGOIRE XVI, appelait un *délire*, savoir que « la
« liberté de conscience et des cultes est un droit propre
« à chaque homme ; qu'il doit être proclamé et assuré
« dans tout Etat bien constitué ; et que les citoyens
« ont le droit à la pleine liberté de manifester haute-
« ment et publiquement leurs opinions, quelles qu'elles
« soient, par la parole, par l'impression ou autrement,
« sans que l'autorité ecclésiastique ou civile puisse le
« limiter. » Or, en soutenant ces affirmations témé-
« raires, ils ne pensent pas, ils ne considèrent pas
« qu'ils prêchent une *liberté de perdition* et que, s'il est
« toujours permis aux opinions humaines d'entrer en
« conflit, il ne manquera jamais d'hommes qui oseront
« résister à la vérité et mettre leur confiance dans le
« verbiage de la sagesse humaine, vanité extrêmement
« nuisible que la foi et la sagesse chrétienne doivent
« soigneusement éviter, conformément à l'enseignement
« de Notre-Seigneur Jésus-Christ lui-même. » (Enc.
Quanta cura. 8 décembre 1864).

« De ces décisions des Souverains Pontifes, il faut
« absolument admettre que l'origine de la puissance
« publique doit s'attribuer à Dieu, et non à la multi-
« tude ; que le droit à l'émeute répugne à la raison ;
« que ne tenir aucun compte des devoirs de la religion,
« ou traiter de la même manière les différentes reli-
« gions, n'est permis ni aux individus ni aux sociétés ;
« que la liberté illimitée de penser et d'émettre en
« public ses pensées ne doit nullement être rangée

« parmi les droits des citoyens, ni parmi les choses
« dignes de faveur et de protection.

« De même, il faut admettre que l'Eglise, non
« moins que l'Etat, de sa nature et de plein droit, est
« une société parfaite ; que les dépositaires du pouvoir
« ne doivent pas prétendre asservir et subjuguer
« l'Eglise, ni diminuer sa liberté d'action dans sa
« sphère, ni lui enlever n'importe lequel des droits qui
« lui ont été conférés par Jésus-Christ.

« Dans les questions de droit mixte, il est pleine-
« ment conforme à la nature ainsi qu'aux desseins de
« Dieu, non de séparer une puissance de l'autre,
« moins encore de les mettre en lutte, mais bien d'éta-
« blir entre elles cette concorde qui est en harmonie
« avec les attributs spéciaux que chaque société tient
« de sa nature.

« Ces principes et ces décrets, si l'on veut en juger
« sainement, ne réprouvent en soi aucune des diffé-
« rentes formes de gouvernement, attendu que celles-ci
« n'ont rien qui répugne à la doctrine catholique, et
« que si elles sont appliquées avec sagesse et justice,
« elles peuvent toutes garantir la prospérité publique.
« Bien plus, on ne réprouve pas en soi que le peuple
« ait sa part plus ou moins grande au gouvernement ;
« cela même, en certains temps et sous certaines lois,
« peut devenir non seulement un avantage, mais un
« devoir pour les citoyens. De plus, il n'y a pour per-
« sonne de juste motif d'accuser l'Eglise d'être l'ennemie
« soit d'une juste tolérance, soit d'une saine et légitime
« liberté. En effet, si l'Eglise juge qu'il n'est pas permis
« de mettre les divers cultes sur le même pied légal

« que la vraie religion, elle ne condamne pas pour
« cela les chefs d'Etat qui, en vue d'un bien à
« atteindre ou d'un mal à empêcher, tolèrent dans la
« pratique que ces divers cultes aient chacun leur
« place dans l'Etat. C'est d'ailleurs la coutume de
« l'Eglise de veiller avec le plus grand soin à ce que
« personne ne soit forcé d'embrasser la foi catholique
« contre son gré, car, ainsi que l'observe sagement saint
« AUGUSTIN, *l'homme ne peut croire que de son plein gré.* »
(LÉON XIII. *Immortale Dei*. 1ᵉʳ novembre 1885).

« Que si, dans les discussions qui ont cours sur la
« liberté, on entendait cette liberté, légitime et honnête,
« telle que la raison et Notre parole viennent de la
« décrire *(voir l'Encyclique visée ici)*, nul n'oserait plus
« poursuivre l'Eglise de ce reproche qu'on lui jette
« avec une souveraine injustice, à savoir qu'elle est
« l'ennemie de la liberté des individus et de la liberté
« des Etats. Mais, il en est un grand nombre qui, à
« l'exemple de LUCIFER, de qui est ce mot criminel :
« *Je ne servirai pas*, entendent par le nom de liberté
« ce qui n'est qu'une pure et absurde licence. Tels
« sont ceux qui appartiennent à cette école si répandue
« et si puissante et qui, empruntant leur nom au mot
« de liberté, veulent être appelés *Libéraux*.
« Et, en effet, ce que sont les partisans du *Natu-*
« *ralisme* et du *Rationalisme* en philosophie, les fau-
« teurs du *Libéralisme* le sont dans l'ordre moral et
« civil, puisqu'ils introduisent dans les mœurs et la
« pratique de la vie les principes posés par les parti-
« sans du *Naturalisme*. »
(LÉON XIII. *Libertas praestantissimum*. 28 juin 1888).

« Voici quelles sont en matière politique les
« thèses des naturalistes. Les hommes sont égaux en
« droits ; tous, à tous les points de vue, sont d'égale
« condition. Etant tous libres par nature, aucun d'eux
« n'a le droit de commander à ses semblables, et c'est
« faire violence aux hommes que de prétendre les
« soumettre à une autorité quelconque, à moins que
« cette autorité ne procède d'eux-mêmes. Tout pouvoir
« est dans le peuple libre ; ceux qui exercent le com-
« mandement n'en sont les détenteurs que par le
« mandat ou la concession du peuple, de telle sorte
« que, si la volonté populaire change, il faut dépouiller
« de leur autorité les chefs de l'Etat, même malgré
« eux. La source de tous les droits et de toutes les
« fonctions civiles réside soit dans la multitude, soit
« dans le pouvoir qui régit l'Etat, mais quand il a été
« constitué d'après les nouveaux principes. En outre,
« l'Etat doit être athée. Il ne trouve, en effet, dans les
« diverses formes religieuses, aucune raison de préfé-
« rer l'une à l'autre ; donc, toutes doivent être mises
« sur un pied d'égalité.

« Or, que ces doctrines soient professées par les
« francs-maçons, que tel soit pour eux l'idéal d'après
« lequel ils entendent constituer les sociétés, cela est
« presque trop évident pour avoir besoin d'être prouvé.
« Il y a déjà longtemps qu'ils travaillent ouvertement
« à le réaliser en y employant toutes leurs forces et
« toutes leurs ressources. »
(LÉON XIII. *Humanum genus*. 20 avril 1884).

.....« Le plus vif désir de l'Eglise serait sans doute
« de voir pénétrer dans tous les ordres de l'Etat et y

« recevoir leur application les principes chrétiens que
« nous avons sommairement exposés. Car ils possèdent
« une merveilleuse efficacité pour guérir les maux du
« temps présent, ces maux dont on ne peut se dissi-
« muler ni le nombre, ni la gravité, et qui sont nés,
« en grande partie, de ces libertés tant vantées, et où
« l'on avait cru voir renfermés des germes de salut et
« de gloire. Cette espérance a été déçue par les faits.
« Au lieu de fruits doux et salutaires, sont venus des
« fruits amers et empoisonnés. Si l'on cherche le
« remède, qu'on le cherche dans le rappel des saines
« doctrines, desquelles seules on peut attendre avec
« confiance la conservation de l'ordre et, par là même,
« la garantie de la vraie liberté.

« Néanmoins, dans son appréciation maternelle,
« l'Église tient compte du poids accablant de l'infir-
« mité humaine, et elle n'ignore pas le mouvement qui
« entraine à notre époque les esprits et les choses.
« Pour ces motifs, tout en n'accordant de droits qu'à
« ce qui est vrai et honnête, elle ne s'oppose pas
« cependant à la tolérance dont la puissance publique
« croit pouvoir user à l'égard de certaines choses
« contraires à la vérité et à la justice, en vue d'un plus
« grand mal à éviter ou d'un bien plus grand à
« obtenir ou à conserver.

« Dans ces conjectures, si en vue du bien commun
« et pour ce seul motif, la loi des hommes peut et
« même doit tolérer le mal, jamais pourtant elle ne
« peut ni ne doit l'approuver, ni le vouloir en lui-même,
« car, étant de soi la privation du bien, le mal est

« opposé au bien commun que le législateur doit vou-
« loir et doit défendre du mieux qu'il peut.

.....« Mais, si en vue d'une condition particulière
« de l'Etat, l'Eglise acquiesce à certaines libertés
« modernes, non qu'elle les préfère en elles-mêmes,
« mais parce qu'elle juge expédient de les permettre, et
« que la situation vienne ensuite à s'améliorer, elle
« usera évidemment de sa liberté en employant tous
« les moyens, persuasion, exhortations, prières, pour
« remplir comme c'est son devoir, la mission qu'elle a
« reçue de Dieu, à savoir, de procurer aux hommes le
« salut éternel.

.....« Mais une chose demeure toujours vraie, c'est
« que cette liberté accordée indifféremment à tous et
« pour tous n'est pas, comme Nous l'avons souvent
« répété, désirable par elle-même, puisqu'il répugne à
« la raison que le faux et le vrai aient les mêmes droits,
« et, en ce qui touche la *tolérance*, il est étrange de voir
« à quel point s'éloignent de l'équité et de la prudence
« de l'Eglise ceux qui professent le *Libéralisme.* »
(Léon XIII. *Libertas praestantissimum.* 20 juin 1888).

III. — Respect dû au Pouvoir constitué.

« Si chaque forme politique est bonne par elle-
« même, et peut être appliquée au gouvernement des
« peuples, en fait, cependant, on ne rencontre pas chez
« tous les peuples le pouvoir politique sous une même
« forme ; chacun possède la sienne propre. Cette forme
« naît de l'ensemble des circonstances historiques ou
« nationales, mais toujours humaines, qui font surgir
« dans une nation ses lois traditionnelles et même
« fondamentales ; et, par celles-ci, se trouve détermi-
« née telle forme particulière de gouvernement, telle
« base de transmission des pouvoirs suprêmes.

« Inutile de rappeler que tous les individus sont
« tenus d'accepter ces gouvernements, et de ne rien
« tenter pour les renverser ou pour en changer la
« forme. De là vient que l'Eglise, gardienne de la plus
« vraie et de la plus haute notion sur la souveraineté
« politique, puisqu'elle la fait dériver de Dieu, a tou-
« jours réprouvé les doctrines et toujours condamné
« les hommes rebelles à l'autorité légitime. Et cela,
« dans le temps même où les dépositaires du pouvoir
« en abusaient contre Elle, se privant par là du plus
« puissant appui donné à leur autorité, et du moyen
« le plus efficace pour obtenir du peuple l'obéissance
« à leurs lois. »

(LÉON XIII. *Au Clergé de France.* 16 février 1892).

« C'est, en outre, un devoir très réel de respecter

« le pouvoir et de se soumettre aux lois justes : d'où
« vient que l'autorité vigilante des lois préserve les
« citoyens des entreprises criminelles des méchants.

« Le pouvoir légitime vient de Dieu, *et celui qui*
« *résiste au pouvoir résiste à l'ordre établi de Dieu :* c'est
« ainsi que l'obéissance acquiert une merveilleuse
« noblesse, puisqu'elle ne s'incline que devant la plus
« juste et la plus haute des autorités.

« Mais, dès que le droit de commander fait défaut,
« ou que le commandement est contraire à la raison,
« à la loi éternelle, à l'autorité de Dieu, alors il est
« légitime de désobéir, nous voulons dire aux hom-
« mes, afin d'obéir à Dieu. Ainsi, les voies à la tyran-
« nie se trouvent fermées, le pouvoir ne rapportera
« pas tout à soi ; ainsi sont sauvegardés les droits de
« chaque citoyen, ceux de la société domestique, ceux
« de tous les membres de la nation ; et tous enfin
« participent à la vraie liberté, celle qui consiste,
« comme nous l'avons démontré, en ce que chacun
« puisse vivre selon les lois et selon la droite raison. »
(Léon XIII. *Libertas praestantissimum.* 20 juin 1888).

« Lors donc que, dans une société, il existe un
« pouvoir constitué et mis à l'œuvre, l'intérêt commun
« se trouve lié à ce pouvoir, et l'on doit, pour cette
« raison, l'accepter tel qu'il est. C'est pour ces motifs
« et dans ce sens que Nous avons dit aux catholiques
« français : Acceptez la République, c'est-à-dire le
« pouvoir constitué et existant parmi vous ; respectez-
« là ; soyez-lui soumis comme représentant le pouvoir
« venu de Dieu. »
(Léon XIII. *Aux Cardinaux français.* 3 mai 1892).

« Mais une difficulté se présente : « Cette répu-
« blique, fait-on remarquer, est animée de sentiments
« si antichrétiens que les hommes honnêtes et beau-
« coup plus les catholiques, ne pouvaient conscien-
« cieusement l'accepter. » Voilà surtout ce qui a
« donné naissance aux dissentiments et les a aggravés.

« On eût évité ces regrettables divergences, si l'on
« avait su tenir soigneusement compte de la distinction
« considérable qu'il y a entre *Pouvoirs constitués et*
« *Législation.* La législation diffère à tel point des
« pouvoirs politiques et de leur forme, que, sous le
« régime dont la forme est la plus excellente, la législa-
« tion peut être détestable ; tandis qu'à l'opposé, sous
« le régime dont la forme est la plus imparfaite, peut
« se rencontrer une excellente législation.

......« Si la distinction établie a son importance
« majeure, elle a aussi sa raison manifeste ; la législa-
« tion est l'œuvre des hommes investis du pouvoir et
« qui, de fait, gouvernent la nation. D'où il résulte
« qu'en pratique la qualité des lois dépend plus de la
« qualité de ces hommes que de la forme du pouvoir.
« Ces lois seront donc bonnes ou mauvaises, selon
« que les législateurs auront l'esprit imbu de bons ou
« mauvais principes et se laisseront diriger, ou par la
« prudence politique, ou par la passion. »

(LÉON XIII. *Au Clergé de France.* 16 février 1892).

« En politique, plus qu'ailleurs, surgissent des
« changements inattendus.

......« Quoi qu'il en soit de ces transformations
« extraordinaires dans la vie des peuples, dont il

« appartient à Dieu de calculer les lois et à l'homme
« d'utiliser les conséquences, l'honneur et la conscience
« réclament, en tout état de choses, une subordination
« sincère aux gouvernements constitués ; il la faut, au
« nom de ce droit souverain, indiscutable, inaliénable,
« qui s'appelle la raison du bien social. Qu'en serait-
« il, en effet, de l'honneur et de la conscience, s'il était
« permis au citoyen de sacrifier à ses visées person-
« nelles et à ses attachements de partis les bienfaits
« de la tranquillité publique ? »

(LÉON XIII. *Aux Cardinaux français.* 3 mai 1892).

« Au demeurant, qu'il soit libre à chacun d'avoir
« sa propre opinion sur les affaires purement politi-
« ques, pourvu qu'elle ne répugne pas à la religion et
« à la justice, et bien qu'il soit permis à chacun de
« soutenir son opinion, et d'une manière honnête et
« légitime, vous savez cependant combien pernicieuse
« est l'erreur de ceux, s'il en est chez vous, qui ne
« distinguent pas assez les affaires sacrées des affaires
« civiles et qui font servir le nom de la religion à
« patronner les partis politiques. »

(LÉON XIII. *Pergrata nobis.* 14 septembre 1886).

« Jamais vous ne devez consentir à ce que les
« intérêts de la religion se mêlent aux discussions
« politiques, car ces intérêts sont supérieurs à tout
« comme le ciel l'est à la terre. C'est pourquoi, en
« vérité, ceux-là sont dignes de censure qui, au profit
« de groupes particuliers et pour atteindre un but
« politique, se servent comme argument du nom de

« catholique et abusent des sentiments catholiques du
« peuple. »

(Léon XIII. *Aux Evêques d'Espagne*. 10 décembre
1894).

« Que tous le remarquent bien, déployer son acti-
« vité et user de son influence pour amener les gou-
« vernements à changer en bien des lois iniques ou
« dépourvues de sagesse, c'est faire preuve d'un dévoue-
« ment à la patrie aussi intelligent que courageux,
« sans accuser l'ombre d'une hostilité aux pouvoirs
« chargés de régir la chose publique.
.....« Sur le terrain religieux ainsi compris, les
« divers partis politiques conservateurs peuvent et
« doivent se trouver d'accord. Mais les hommes qui
« subordonneraient tout au triomphe préalable de leur
« parti respectif, fût-ce sous le prétexte qui leur parait
« le plus apte à la défense religieuse, seraient dès lors
« convaincus de faire passer, en fait, par un funeste
« renversement des idées, la politique qui divise avant
« la religion qui unit. Et ce serait leur faute, si nos
« ennemis, comme ils ne l'ont que trop fait, parvenaient
« finalement à les écraser tous. »

(Léon XIII. *Aux Cardinaux français*. 3 mai 1892).

« Une expérience prolongée l'avait clairement
« appris à tous : l'état du pays s'est tellement modifié
« que, dans les conditions où est actuellement la
« France, il ne parait pas possible de revenir à l'an-
« cienne forme du pouvoir sans passer par de graves
« perturbations.
« La religion catholique, qu'un grand nombre

« regardaient, quoique bien à tort, comme entretenant
« des divisions fâcheuses, était appelée à courir de
« grands risques, l'Eglise était exposée à des vexations
« de jour en jour plus aigües. Cette situation était si
« évidente qu'elle ne pouvait échapper à personne.

« Dès lors, ému de ces difficultés, Nous, dont la
« charge est de défendre ce qui peut le mieux assurer
« le salut de la religion, quoique Nous sachions qu'il
« n'est permis à personne, sans témérité, d'imposer
« des limites à l'action de la Providence divine, pour
« ce qui touche l'avenir des nations, n'ayant jamais eu,
« d'ailleurs, la pensée de blesser des sentiments inti-
« mes auxquels est dû tout respect, Nous n'avons pu
« cependant souffrir que quelques hommes, entraînés
« par l'esprit de parti, se servissent d'une apparence
« de religion comme d'un bouclier, pour faire plus
« sûrement opposition au pouvoir public depuis long-
« temps établi ; de ces tentatives d'opposition, en effet,
« on ne pouvait attendre aucun résultat utile, mais
« seulement des conséquences très défavorables pour
« l'Eglise.

« C'est pourquoi, Nous préoccupant de l'impor-
« tance de la situation et pour que la Religion, dans
« sa majesté auguste, ne fût pas mêlée aux luttes des
« passions humaines ou aux complications trompeuses
« de la politique, mais voulant, comme il était conve-
« nable, qu'elle gardât sa place au-dessus des incidents
« humains, Nous fîmes appel à tous les citoyens
« français, hommes de conscience et de cœur, leur
« persuadant de reconnaître et de garder loyalement
« la constitution du pays, telle qu'elle était établie, et,
« oubliant les vieilles querelles, de travailler énergi-

« quement à ce que la justice et l'équité président aux
« lois, à ce que le respect et les conditions de la vraie
« liberté soient assurés à l'Eglise, et qu'ainsi, fraterni-
« sant dans les mêmes efforts, ils pourvoient à la
« prospérité de la commune patrie.

« Comme telle fut la portée de Notre pensée et de
« Nos actes, il est à la fois malheureux et absurde qu'il
« puisse se rencontrer quelqu'un qui, se vantant d'avoir
« plus souci de l'Eglise que Nous-même, s'arroge le
« droit de parler en notre nom contre les enseignements
« et les prescriptions de celui qui est en même temps
« le protecteur et le Chef de l'Eglise.

« Nous croyons, à la vérité, que ces hommes dont
« la conduite est à la fois si audacieuse et si indigne,
« ne peuvent trouver en France, parmi les vrais
« enfants de l'Eglise, personne qui soit de leur avis ou
« imite leurs exemples. Car Nous estimons vrais
« enfants de l'Eglise ceux qui font sans peine au bien
« très supérieur de la religion et de la patrie le sacri-
« fice de leurs sentiments et de leurs intérêts privés. »
(Lettre de S. S. Léon XIII à Son Em. le Cardinal
Lecot. 13 août 1893) (1).

« *Roma locuta est, causa finita est* » (2).

<hr>

(1) Voir aussi l'Encyclique *Cum multa sint*, 8 décembre 1882,
et la Lettre de Léon XIII à l'Archevêque de Bourges, 25 mai 1899.
(2) Célèbre parole de saint Augustin, rappelée par Pie X.
(Allocution au Consistoire du 6 décembre 1906.)

Résumé et Conclusion.

Nous avons brièvement examiné, dans le *Chapitre préliminaire* de cet écrit, la conception que se font du gouvernement social le *Prince Napoléon* et ses partisans. Les chapitres suivants nous ont montré, à la pleine lumière de l'évidence, que la doctrine bonapartiste ne pouvait être acceptée sans réserve, inspirée qu'elle est, en partie, par l'esprit révolutionnaire.

Après avoir dit ce que c'est que la *Révolution*, et constaté que tous les révolutionnaires poursuivent le même but de bouleversement, de renversement, de de déracinement, de destruction sociale, nous avons fait justice du préjugé qui consiste à identifier la *République* avec la *Révolution*, et nous avons affirmé, appuyé sur le bon sens, l'expérience et l'histoire, que la *Révolution* peut être consulaire, impériale ou royale aussi bien que républicaine, et qu'elle est surtout, d'instinct, despotique et tyrannique.

Puis, mettant la Révolution en face du Christianisme, nous avons prouvé, sans contradiction possible, que la *Révolution*, et le *Socialisme* qui en est la plus haute puissance, c'est l'*Antichristianisme*, la consommation et la plénitude de l'*Antichristianisme*.

Par des citations puisées dans les documents du Saint-Siège, nous avons essayé de mettre dans tout leur jour, les rapports nécessaires qui doivent exister entre les deux pouvoirs, *religieux* et *civil*, et délimité, dans une certaine mesure du moins, les sphères respectives dans lesquelles peuvent se mouvoir l'un et l'autre pouvoir.

Nous nous sommes efforcé enfin, en cette délicate matière, de rester dans cette région sereine où les hommes disparaissent devant les idées, pour ne rechercher que ce qui, partout et toujours, sauve les individus et les sociétés : *la justice* et *la vérité*.

Certes, nous ne méconnaissons pas le droit et même le devoir qu'a tout citoyen de se faire une conception politique et de la défendre avec toute l'énergie de son intelligence et de sa volonté.

Mais nous nous élevons contre cet *esprit de parti*, trop répandu à notre époque, qui exige de ceux qui le subissent, l'abdication de la liberté et de la conscience, leur imposant de tout adorer dans un maître, même le mal, et de tout outrager dans un adversaire, même le bien.

Et nous réprouvons ces théories néfastes que, séduits par le prestige de l'inconnu ou poussés par leurs passions mauvaises, certains hommes voudraient faire consacrer par la loi sous l'illusion désastreuse d'*organisation des partis*, *de lutte des idées*, etc.

Or voici que dans les convulsions où s'agite la Société, pareille à un malade qui a le transport au cerveau, et alors qu'elle semble prendre le vertige et marche chancelante au bord des grands abîmes, on entend exalter et partout applaudir cette prétendue lutte des idées.

« *Qu'on se batte pour des idées, pour un programme,*
« *c'est une nécessité de la vie politique. Que même, à de*
« *certaines heures, pour un bel idéal menacé, ce pays se*
« *déchire les entrailles, je le conçois.* » (1)

Grand Dieu ! tandis que les discordes et les haines s'échappent des entrailles mêmes de l'humanité agitée et soulevée par ses passions, voilà des hommes, témoins de ces discordes, de ces conflits, de ces haines et de ces convulsions qui proclament à l'envi : « C'est la marche des idées ; c'est le bruit des idées ; c'est le courant des idées qui emporte vers ses progrès l'humanité haletante. »

Les malheureux ! Ils appellent cela la marche des idées ! Ils oublient que les idées n'agitent pas, ne bouleversent pas, ne tuent pas.

Ils oublient que les idées naissent dans l'intelligence ; que l'intelligence est calme et sereine comme une contemplation ; que l'intelligence assiste à ce spectacle, mais qu'elle ne le fait pas ; que l'acte de l'intelligence n'est pas un entraînement, mais un regard ; qu'il n'est pas une impulsion, mais une vision ; en un mot que dans ce drame qui se déroule sous nos yeux, l'intellect n'est pas un acteur, qu'il n'est que spectateur.

« Oh ! non, mille fois non ; ce qui explique ces agitations, ces discordes et ces convulsions des peuples, ce ne sont pas les *idées*, ce sont les *passions* ; les passions incarnées dans des hommes, qui passent, en remuant les nations de leur souffle orageux : trop heureux, si nous ne les voyons, un jour, passer devant

(1) M. Briand. Discours de Saint-Étienne, 21 décembre 1913.

nous, comme un convoi de la mort, emportant les funérailles de la société ! » (1)

Est-ce à dire que nous récusions la puissance des idées ? Non certes. Nous n'aurions pas écrit ces pages, qui ne s'adressent précisément qu'à ceux qui croient à cette puissance des idées, et sont susceptibles encore d'entendre et de suivre un raisonnement.

Nous n'avons voulu qu'attirer l'attention du lecteur sur une séduction dangereuse, disons mieux, sur la confusion désastreuse entre les *idées* et les *passions*.

Quant à ces autres hommes qui paraissent pris du double vertige de l'erreur et de la passion, il eut été bien inutile d'essayer de les convaincre : on ne raisonne pas avec la haine, on ne discute pas avec la fureur.

Avec ces esprits *retournés*, avec ces cœurs *enfiélés*, avec ces cerveaux *enfiévrés*, tels que nous les font de plus en plus, les apôtres de la *Révolution* et les prophètes du *Socialisme* ; avec ces pires de tous les malades, atteints sur la terre d'un véritable mal d'enfer ; disons le mot, avec ces *fous-furieux*, gagnés parce qu'on peut nommer la folie antichrétienne et l'*aliénisme révolutionnaire*, non le raisonnement n'est plus de mise et n'a plus rien à faire.

Il appartient à la Société de se mettre sur ses gardes et de prendre ses mesures ; et avis est donné à tous, par la voix même des événements, de se tenir debout et fermes au seuil de leur maison, prêts à

(1) R. P. Félix.

défendre avec leur domaine, leur foyer, leur famille, la Société menacée comme elle ne l'a jamais été.

Il appartient enfin, à tous les contemporains qui, au milieu de l'universelle confusion d'idées obscurcissant l'atmosphère du monde social, ont gardé les lueurs de la plus vulgaire raison, il appartient non seulement de serrer leurs rangs pour défendre avec les autels et les foyers la Société elle-même : il leur importe surtout de comprendre que ces multitudes, ivres de colère et de haine, ne sont aujourd'hui si effroyablement armées contre la propriété, contre l'ordre, contre la Société, que parce que, depuis plus d'un siècle, des hommes *néfastes*, sans contredit les plus criminels de tous, ont travaillé et travaillent encore, à les armer contre Jésus-Christ, contre la religion, contre Dieu même.

En un mot, aux sombres et effrayantes lueurs qui traversent, à l'heure qu'il est, notre monde social, comme des éclairs précurseurs de la tempête traversent les nuages, il faut que tous enfin, sous peine de périr, nous sachions reconnaître que, pour nous guérir de notre mal humain, il faut le remède *divin*, et que les redoutables problèmes soulevés devant nous par le génie de la Révolution, n'ont et ne peuvent avoir de vraie solution que dans le *Christianisme* et par le *Christianisme* (1).

E. GARNIER.

Remiremont, le 25 décembre 1913.

(1) J. Félix. S. J.

TABLE DES MATIÈRES

	Pages
Chapitre préliminaire............................	3
Chapitre Ier.	
La Révolution............................	15
Chapitre II.	
La Révolution et la République............	33
Chapitre III.	
La Révolution et le Christianisme.........	37
Chapitre IV.	
Extraits de documents pontificaux	
I. — Les deux Pouvoirs....................	53
II. — Le Droit nouveau....................	60
III. — Respect dû au Pouvoir constitué.......	72
Résumé et Conclusion....................	79

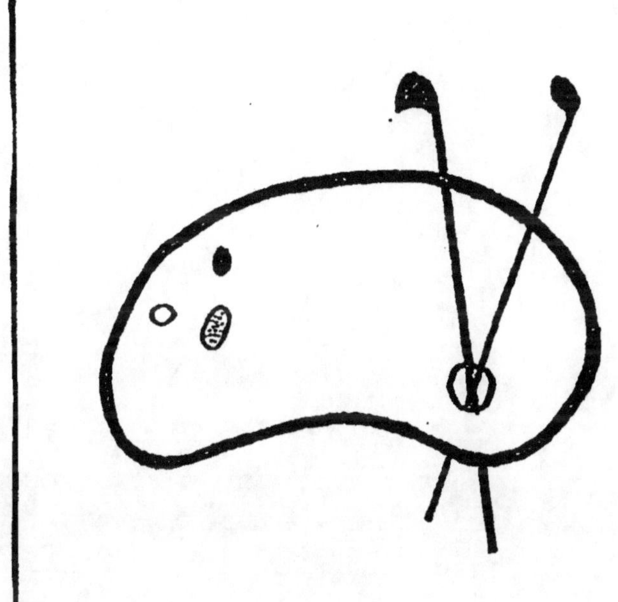

ORLI
ORIGINAL EN COULEUR
NF Z 43-120-8

www.ingramcontent.com/pod-product-compliance
Lightning Source LLC
Chambersburg PA
CBHW061401060726
47597CB00003B/940